小学数学新教学丛书

总主编◎黄兴丰 陈洪杰

走向深度学习

小学数学单元作业设计

孙立坤　丁建敏　张　剑

秦　夔　邬小燕　康逸芸　　著

复旦大學 出版社

新课程　新坐标　新视野

2022年4月,《义务教育数学课程标准(2022年版)》颁布。这意味着小学数学课程与教学进入一个新阶段,也昭示着广大小学数学教师及小学数学教育工作者需要承担起落实新课标的责任。

新课标为我们思考课程与教学问题提供了新坐标!

新课标的一个鲜明特征是对发展学生核心素养的倡导与强调。在义务教育阶段,作为纲领性文件的新课标,强调要发展学生的数感、量感、符号意识、运算能力、几何直观、空间观念、推理意识、数据意识、模型意识、应用意识和创新意识。

这就意味着学科知识本身"不是"(或者说"不应该是")教学的目标,以学科知识为载体,通过适当的教学任务和活动的设计与实施以发展学生的核心素养,才是教学的目标。这进一步意味着,数学学科核心素养与通用核心素养的发展要合二为一:学生在识别问题信息、形成独立思路、多元表征、倾听他人、合作交流、达成共识的过程中,不仅发展了数学核心素养,同时发展了通用核心素养。

新课标要求教师确立核心素养导向的课程目标,设计体现结构化特征的课程内容,实施促进学生发展的教学活动,探索激励学生学习和改进自身教学的评价……这些要求本身建构了教师专业发展的坐标,让教师明白自己努力的方向。比如,就确立核心素养导向的课程目标一条,就必然要求教师不仅要熟悉课标中11个核心词的内涵,还要有能力结合具体的教学内容找到对应的(较为合适的)核心素养并将其进行"内涵分解",有能力对学生体现出具备该核心素养的表现进行"理解水平的分层"——这,都是实践智慧,需要教师的专业能力!

新课标为我们进一步的课程与教学实践打开了新视野!

可以说,根据新课标实施"素养导向"的教学,已经成为广大一线教师的共识。然而,新课标是路标,是蓝图,距离梦想的达到、广厦的落成,还有千山万水的距离。但这千山万水的距离,正是广大一线教师的创造空间。

我们看到,为了发展学生的数学核心素养,新课标鼓励和建议教师通过更新教学理念、创新教学方法、改进教学评价,来贯彻实施国家课程。而在数学教学实践中,"教—学—评"一致性、单元整体教学、项目化学习、"综合与实践"课程、素养作业设计、表现性评价等,早有不少优秀的教师和教研员主动地展开了深入的实践研究,积累了丰富的经验,形成了一定的特色。可以说,新课标的颁布,一方面为先行者的探索与创新正了名,另一方面也澄清已有实践的一些误区,让先行者后续的探索能与新课标理念对标、共振!

进一步地,新课标打开了教师的实践视野。一方面,在新课标的旗帜下,如本丛书所展示的种种课程与教学实践将会被更多教师看见。另一方面,新课标倡导的新理念、新实践必然会转化成教师专业成长的需要(即便一开始以外在要求的面目出现),推动着教师去突破自己原有的局限,去进行新的尝试,从而获得新经验、新成长。比如,对于综合与实践,以前是"备选项",现在则成为有 10% 课时保障的"必选项"(课程方案),可以想见会有很多教师"不得不"去实践,从而发展了自己的专业水平。当然,新成果的涌现会珍珠与泡沫并存,这是另外一个话题了。

我们更看重新课标背景下的新实践为广大教师带来"新思维"!

做正确的事,不等于正确地做事。同样,在新课标的指引下,进行新课标倡导的相关实践,未必从一开始就能做得正确、有效。我们需知,教育教学永远是直面活生生的一个个学生的智慧性实践,永远需要教师秉持"学生立场"去进行自主思考和创新实践。因此,思维方式的更新会成为教师突破自身专业成长瓶颈的关键。

本丛书采撷了数学教育实践丛林中的一些花朵,且我们特别强调从案例出发,让读者和作者在案例中交流思想,产生共鸣。同时,我们希望广大读者能在阅读和借鉴案例的过程中,跳出案例,去追问"作者为什么这么想,这么做?""还有没有其他平行路径?""不同做法各有什么利弊?"……从而关注案例背后的思维路径与方法论。如果案例是花朵盈盈,那么隐藏在案例背后的思维路径和方法论才是为花朵提供营养的根。

也正是对思维路径和方法论的关注,我们要求每本书的作者团队都包括来自教学实践的名特级教师,以及从事数学教育研究的教授或博士。换言之,思维方式和方法论的更新与一个哲学母题相关:理论与实践。我们希望通过一线实践者与理论研究者的精诚合作,为广大教师提供高质量的专业作品。同时,为了方便大家借鉴和使用丛书的资源,出版社采用信息技术,让读者通过扫描二维码就可以阅读或下载丛书中的电子资源,如教学设计、学生作品等。

"新思维"的形成不仅是教师素养进阶的标志,也会改变教师在学校的职业状态,收获更多的职业幸福感。

我们希望翻开这套书的您,如同走进一座座不同风格的园林,有的园林草木错落、清新雅致,有的园林残山剩水、朴素侘寂,有的园林色彩绚烂、奔放浓烈……但千万不要在别人的花园里迷路!

您要建造的是自己的花园,您必须自己去培育土壤、引进种子和苗木、除草、浇水、施肥,为草木生长提供支持。这些"园丁"绕不开的工作,其实就是您自己一日一日的实践与思考:您要自己去研读课标、研究学生、解读教材、设计教学任务并实施、以表现性任务进行后测等。而这一套书,会给您一些参考、帮助或共鸣。

每一个独特的您,终究要站在自己的讲台前,终究要生活在自己的花园中。

是为序。

黄兴丰　陈洪杰
2023 年 10 月

目录

第一章
小学数学单元作业设计的基本原理

第一节　单元作业设计的背景和基本要求

在中国的教育发展史中，"作业"最早出现在先秦文献《管子·轻重丁》中，即"行令半岁，万民闻之，舍其作业，而为囷京以藏菽粟五谷者过半"，句中的"作业"有"劳作"之意。《学记》作为世界上最早的一篇专门论述教育和教学问题的文章，其中也有关于作业的记载，如"大学之教也，时教必有正业，退息必有居学"，其表达的含义是教学要按照时序进行，必须有正式的课业，课后休息时也得有课外练习。[①] 在国外，作业也是教育家、思想家所重视的研究内容，相比我国更加强调作业的实践性，以及与课内学习的互补，如：近代教育学之父夸美纽斯认为要给学生提供作业练习，让他们"从实践中去学习"；苏联著名教育家伊·安·凯洛夫在其主编的《教育学》一书中提出"家庭作业是教学工作的有机组成部分，从根本上具有以独立作业的方法来巩固学生的知识，并使学生的技能和技巧完善化的使命"，其中表达的思想是想要达到完善技能和技巧的目的，让学生参与练习自然是最直接的方式；美国著名教育家杜威倡导"做中学"，即开展"活动课程"，让学生投入实践活动作业和有用的作业之中。

辗转至现代，权威工具书中的"作业"一词通常指老师布置给学生完成的任务，即学生在完成学习任务时所进行的活动（源自《辞海》）。《教育大辞典》中将作业分为两大类，即"课堂作业"和"课外作业"。课堂作业是在课堂上由教师布置的各种即时练习；课外作业也被称为家庭作业或课后作业，是指学生根据教师的要求在课外时间独立进行的学习活动。作业主要包含以下内涵：作业主要是指学校教师布置给学生的学习性任务；作业不仅包括学生个人完成的，也包括学校布置的团队性任务；作业强调一定的功能和目的，即强调教师有意识、有目的的设计；作业完成的时间主要是指非教学时间，包括学生回家以及在学校利用休息时间、图书馆开放时间或者其他非教学时间等完成作业的时间。从本质上说是学生自主学习内化的过程。

一、学习视角下的作业

从学习的角度来看，作业是学生在课堂之外延伸学习的重要部分，其内涵和功能远不止

---

① 王月芬. 重构作业：课程视域下的单元作业[M]. 北京：教育科学出版社，2021：8-11.

学习评价,更是一种有目的的学习活动。研究表明,作业在教育中的地位多维而广泛,其中最重要的是促进学生巩固知识、培养能力的关键学习过程。[①] 因此,作业被视为与教学同等重要的领域,科学、合理、有效的作业可以帮助学生巩固知识、提升能力、培养习惯,帮助教师检测教学效果、精准分析学情、改进教学方法,进而发挥"减负增效"的作用,协助实现提升国家义务教育质量的终极目标。在这个目标理念的指引下,教师首先需要深刻理解作业的内涵和多重功能。通过参阅文献与研究成果等,加深对作业的理解,对作业目标重新定位。其次,在自己的教育实践中要充分利用作业,发挥其多元功能,将其视为优化教学的重要手段,从而提高学生的自主学习能力。再次,教师还需关注作业的数量和质量,避免过度布置作业,通过系统设计符合年龄特点和学习规律、体现素质教育导向的基础性作业,布置分层作业、弹性作业和个性化作业,坚决克服机械、无效作业,杜绝重复性和惩罚性作业。最后,教师也需认真批改作业,设计多元评价指标,并及时为学生提供有效的学习反馈。

作业设计的核心价值在于加强学生对所学知识的认知和理解,培养学生的知识迁移和综合运用能力。在这一理念的指导下,作业设计可分为三个层面的价值维度。第一层,基于知识发展逻辑的作业设计。知识传授是教育的核心,因此作业设计应该在尊重学生身心认知发展规律的基础上,围绕知识发展逻辑,以"教—学—练—评"为一体的设计思路,实现课堂与课后知识的有机衔接和系统整合。第二层,基于学生综合素养的作业设计。在确保学生掌握系统知识的基础上,通过情境设置,将知识记忆转化为个体知识建构和能力培养,促进学生素养、态度和价值观的培养。第三层,基于现实问题解决的作业设计。围绕知识的发展逻辑,以学习、理解、运用和创新知识的思维路径,构建任务驱动的意义学习,使作业不仅是巩固知识的手段,更成为知识运用、生成和创造的关键途径。[②]

通过以上三层价值维度,作业设计可分为知识型作业设计、能力型作业设计和实践型作业设计。知识型作业设计强调通过深化课堂教学的知识,促使学生深化认知。教师应根据学生的学情,提供多样化的知识型作业,使学生在不同的活动中逐步加深对学习内容的理解。例如,学生在学习加减乘除等基本运算的过程中,关于基本概念、算理算法等的理解可以归类为知识型作业。能力型作业设计则注重通过解决问题来进行深度学习,培养学生优质的学习品质。教师需要创设问题情境,引导学生通过小组合作或独立任务,培养问题解决能力。实践型作业设计是一种沉浸式的学习活动,通过解决实际问题来培养学生的实际能力。教师应根据学生特点设计与实际情境匹配的实践活动,提升实践型作业的适应性。例如,义务教育阶段数学"综合与实践"领域的学习活动,大都可以归类为实践型作业。学生在项目式的学习活动中,置身于实际情境和真实问题之中,运用数学和其他学科的知识与方法,经历发现问题、提出问题、分析问题和解决问题的全过程,形成和发展数学核心素养。

---

① 王月芬,周坤亮."提升中小学作业设计质量的实践研究"教学成果推广应用的实践路径[J].中国教育学刊,2022(S1):9-11+15.
② 罗生全.优化作业设计,增强育人实效[EB/OL].(2021-11-25)[2024-04-01].http://www.moe.gov.cn/jyb_xwfb/moe_2082/2021/2021_zl53/tsj/202111/t20211125_582207.html

二、单元作业的内涵与价值

单元一般是指同一主题下相对独立并且自成体系的学习内容。这个主题可以是一个话题、一个专题、一个真实问题，抑或是一个综合性的项目任务等。单元的划分一般有两种做法，一种是以教材原先设计的自然章节作为一个单元；另一种是以某个专题或学科关键能力重组单元。[①]"单元"并不是一个新的概念，在教育教学领域却值得被经常地思考和研究。某个知识点或者某种技能可以在一节课中完成，而方法、态度乃至核心素养的培养却很难通过一节课实现，其重要决定因素是学科的课程结构，以及教学过程的基本单元。

基于上述观点，我们可以认识到单元作业相较于课时作业更能够体现知识生成的脉络，有更好的连贯性和纵深度，能够帮助学生在学习过程中更好地理解知识，形成完整的知识体系。在知识生成的脉络方面，单元作业具有以下不可替代的功能：第一，单元作业设计的特征与价值在于其能够更全面地促进学生的学习，培养他们的综合素养和问题解决能力。单元作业所涵盖的主题与内容通常具有一定的连贯性和内在联系，以便学生能够更深入地理解和应用知识。第二，单元作业的主题与内在联系具有连贯性。单元作业紧密结合特定主题或学科领域，能够让学生将零散的知识点有机地连接起来。与独立的课时作业相比，单元作业更能帮助学生建立知识的整体结构，形成知识体系的脉络，有助于学生更好地理解知识的关联性，从而提升学习的深度和广度。第三，单元作业聚焦学生综合能力的培养。单元作业常常要求学生在解决问题时综合运用不同领域的知识与技能。面对复杂的任务，学生需要从多个角度思考、整合信息，从而培养他们的综合能力，包括分析、综合、创新和解决问题的能力。这有助于学生在面对现实生活中的复杂情境时更具应变能力。第四，单元作业帮助学生进行知识的深化与巩固。单元作业要求学生在解决问题时，深入思考和应用已学的知识点，这种深化和巩固的过程能够加深学生对知识的理解，并在实际应用中检验知识的正确性和实用性。同时，通过完成单元作业，学生能够进行自主学习和查漏补缺，进一步提升自己的学习效果。第五，单元作业促进学生创新思维的培养。在单元作业中，教师可以设置开放性问题，鼓励学生进行创新性的思考和解决方案的设计。这种培养创新思维的方式能够激发学生的创造力和创新能力，在解决问题时能够提出新颖的观点和方法。第六，单元作业关注教学—学习—评价的一体化。单元作业设计需要教师在设计过程中考虑学生的学习目标、教学内容以及评价方式。通过设计合适的单元作业，教师能够更好地指导学生的学习过程，使学生在解决问题的同时达到预期的学习效果。这种一体化的教学方式能够提升学生的学习参与度和主动性。

因此，建议教师将单元作为作业设计的基本单位，在单元目标的指引下，通过选择重组、改变完善、自主开发等多种形式，形成作业内容。在单元作业的设计中，教师应当注重在主题、内在联系、综合能力、知识深化、创新思维以及教学一体化等方面的思考。通过巧妙地设计单元作业，教师能够激发学生的学习兴趣，提高他们的学习效率，培养他们的综合素养和创新能力，为他们未来的学习和发展奠定坚实的基础。因此，单元作业设计应当充分考虑这

[①] 吕世虎,吴振英,等.单元教学设计及其对促进数学教师专业发展的作用[J].数学教育学报,2016(05):16-21.

些特征和价值,以实现更高效、更有意义的学习效果。

三、素养导向下的单元作业

核心素养是学生在接受教育过程中逐步形成的必备品格和关键能力,以适应个人终身发展和社会变革的需求。这些素养包括了解决真实问题、在复杂情境下应对挑战的综合能力,侧重于实际应用和问题解决。从学习的角度来看,单元作业应当紧密关联学科核心素养的培养,具有培养和评价核心素养的双重功能,可以将其视为推进德育、培养学生综合素质、深化推进课程改革的重要举措。《义务教育数学课程标准(2022 年版)》中指出要尝试大单元的设计,强调数学学科核心素养的导向。[①] 在这种设计中,教师可以重新整合并优化教材中一个或多个自然单元的内容,以形成一个新的、以单元为单位的教学模块。这种单元作业具有相对独立性、整体性、内在联系性和目标统一性等特点,例如划分"整数加减法单元""图形测量单元"和"数据分析单元"等。此外,作为体现核心素养的重要工具,单元作业设计应具备情境性、综合性、开放性、结构性和长周期性等基本特征。相较于传统的课时作业,单元作业更为科学严谨,更具有学习的目标和结构,以及更为丰富的内涵和形式。以核心素养培养为终极目标的单元作业设计呈现以下特征。

(一)明确的学习内容与核心素养目标

单元作业的设计起源于大单元的目标和达成标准。因此,在设计单元作业时,教师需要充分考虑学习内容的目标以及核心素养的培养目标。学习内容目标涵盖具体知识和技能,而核心素养目标则强调培养基本素质和能力,如批判性思维、沟通能力和创新能力。相比学习内容目标,核心素养目标更具有全面培养学生综合素质、助力未来学习和职业发展的意义。同时,教师需要制定相应的核心素养评价指标,以客观地反映学生在多个方面的表现。这些指标涵盖学生的思维能力、表达能力、合作能力等。通过设定评价指标,教师可以更准确地了解学生的学习状况,为他们提供有针对性的指导和支持。因此,确立清晰的核心素养目标对于教学至关重要,它有助于教师更好地引导学生的学习,同时提高学生的综合素质,为未来的发展奠定坚实基础。

(二)丰富多元的学习任务情境

学习活动中,丰富多元的任务情境能够更好地帮助学生理解学习内容,培养他们的实际应用能力,提升学习兴趣和参与度。在单元作业设计中,任务情境应强调真实性,侧重解决现实问题。情境背景的描述也是任务情境设计的关键因素之一。情境背景应简洁明了、逻辑清晰,以便学生更好地理解任务的目标和意义。同时,情境背景还应结合学生实际生活经验,使学生更容易产生共鸣和理解。例如,在加法计算的学习中,通过去超市购物,观察购物小票,学生会发现无论购买顺序如何,总价都保持不变,这种现实情境能够帮助学生深化对加法交换律和结合律的理解。

(三)多样化的作业类型

针对不同的单元作业功能,可以设计多样化的作业类型,如口头作业、长周期作业和实

---

① 中华人民共和国教育部. 义务教育数学课程标准(2022 年版)[S].北京:北京师范大学出版社,2022.

践性作业等。这种多样性的设计有助于更好地满足学生各自的需求和能力水平。

口头作业。特别是在低学段，学生刚开始正式接触数学，他们的书写能力可能尚不完善。因此，口头作业成为一种有效的方式，它强调培养学生的口头表达能力。通过这种形式，学生可以用言语来感受数学，从而激发数学学习的兴趣。举例来说，在学习几何形状时，可以让学生口头描述不同形状的特征和性质，从而促进他们更深入地理解这些概念。

长周期作业。长周期作业要求学生在较长的时间内完成，可能涉及一个项目或一个研究课题。这种作业类型可以培养学生的时间管理能力和自我控制能力，使他们能够在长时间内保持对任务的高度关注和投入。例如，让学生制作一张关于整数认识和四则混合运算的思维导图，这需要他们在较长的时间内整理和归纳知识，能够很好地促进逻辑思维能力和自主学习能力的发展。

实践性作业。实践性作业强调学生的实际操作能力，可以是实验报告、调查报告等。这种作业类型能够帮助学生将理论知识应用到实际生活中，同时在实践中探索和发现新的问题和解决方案。例如，统计图表的学习中，学生被要求测量家中宠物的弹跳能力，完成这个作业的过程考查了学生使用测量工具的情况、测量结果的记录汇总技能等，发展了数据意识和应用意识。

除了上述类型，还可以在单元作业设计中尝试其他多种作业类型，如小组合作、创意手绘作业等。这些不同类型的作业能够让学生在不同的场景中发挥自己的优势，丰富作业的内涵，有助于满足学生不同的需求和能力水平，更好地促进学生的学习和成长。

在单元作业的设计中，教师要注意根据作业的不同功能和学生的实际情况，选择合适的作业类型，帮助学生更好地掌握知识和提高能力，同时培养他们的合作能力和创造力。

（四）清晰的任务内容结构

在设计单元作业时，确保有清晰的任务内容结构尤为重要。需要充分考虑课程内容的内在关联性，以确保每个作业都与之前学习的知识内容相呼应，甚至可以为后续的学习做好充分准备。此外，单元作业还应当呈现出逐步提升的思维要求，从而引导学生逐步拓展思维深度，以达到更高的学习成果。这种螺旋式的递进设计能够激发学生的学习兴趣，增强他们的学习动力，并提升整体学习效果。其中，特别需要考虑以下三个方面：

第一，知识内在的关联性。每个单元作业都应与之前的学习内容密切相关，以便学生能够将不同知识点融会贯通。这有助于构建起更为有机的知识体系，减少知识的孤立性，从而使学生更好地理解整体学科的逻辑。

第二，思维要求递进性。单元作业的设计应当在难度和深度上有所递进，以引导学生逐步扩展他们的思维边界。在每个作业中增加适度的挑战，可以促使学生渐渐提升他们的分析、解决问题的能力和创新能力。

第三，综合实践的跨学科关联。在涉及综合实践类作业时，需要重点考虑多个学科之间的关联。这样，学生能够在实践中探索多个学科之间的交叉点，从而加深对知识的综合理解和应用。

借助以上的任务内容结构设计，可以确保单元作业的高效完成。这种设计不仅有助于学生更好地掌握知识，还可以培养他们的分析思维、创造能力和跨学科思考能力。综合起来,清晰的任务内容结构是落实单元作业设计的基础,能够引导学生获得更优质的学习成果。

第二节 小学数学的新课标与新要求

2022年5月9日,教育部颁布了以"核心素养"为纲领的《义务教育数学课程标准(2022年版)》,把"三会"作为教学课程的核心素养和总目标。学生通过参与丰富的数学活动,获得基本知识和基本技能,培养基本思想方法,积累实际操作经验,最终达到"三会"的目标,即在提高发现问题和提出问题能力的过程中,发展用数学角度观察和思考现实世界的能力;在增强分析问题的能力中,学会运用数学思维来解读现实世界;同时,在提升解决问题能力的同时,逐渐掌握用数学语言表达现实世界的方法。[1] 可以说,"数学核心素养是通过数学活动逐步形成与发展的正确价值观、良好思维品质与关键能力"[2]。

另外,课程内容的结构化整合是本轮课标修订的核心理念之一,课标中首次提出了"着重于对课程内容进行结构化整合,探索学生核心素养的培养路径"。主要变化体现在课程内容与课程要求两方面。

一、课程内容变化

新课标按照"阶段+领域+学段"的形式呈现课程内容,小学阶段包含第一学段、第二学段和第三学段。每个学段下的课程内容表述由三部分组成,即"内容要求""学业要求"和"教学提示",分别对应"学什么""学到什么程度""怎样学"。

小学阶段课程内容的结构化体现在学习主题的整合与内容的调整上。例如,数与代数领域,将原来的"数的认识"和"数的运算"两个主题整合成"数与运算",强调数的认识与数的运算不可分离,为学生形成数感、量感、符号意识、运算能力、推理意识等核心素养提供基础。"数与运算"主题中,增加了"探索加法、减法和乘法、除法的算理与算法""感悟小数和分数的计数单位","数量关系"中增加了"用字母表示运算律、事物的关系、性质和规律""加法模型""等量的等量相等"内容,其目的是让学生体验从算数到代数的抽象过程,培养和强化代数推理意识。[3]

在图形与几何领域,将原来的"图形的认识""测量"两个主题整合成"图形的认识与测量",凸显了其中的内在联系,有助于学生从整体上理解和掌握这些内容,为学生形成量感、空间观念、几何直观等核心素养奠定基础。增加了"尺规作图",目的是增强学生的几何直观能力。

在统计与概率领域,为了顺应大数据时代的需求,将表示统计量的"百分数"从数与代数领域调整过来。

---

① 吕世虎,吴文斌.《义务教育数学课程标准(2022年版)》课程内容与要求的变化研究[J]. 教育研究与评论,2022(05): 41-49.

② 鲍建生. 小学数学中的核心素养及其主要表现[J]. 小学数学教育,2022(11):8-10.

③ 吕世虎,颜飞. 新课标"数与代数"内容分析:从结构到要求[J]. 教育研究与评论(中学教育教学),2022(11):8-13.

最后,新课标在综合与实践领域安排了具体内容,小学阶段主要采用主题式学习,目的是更好地体现数学知识之间、数学与其他学科之间、数学与生活之间的联系。内容上将"常见的量""负数""认识方位"调整过来,引导学生在真实的情境中学习跨学科的知识或解决实际问题。

调整之后的课程结构突出了五大体系:数与代数的运算体系、量与关系的模型体系、几何图形的体系、数据分析体系以及问题解决体系。结构化的体系也使得课程内容的总量降低,一方面体现了数学课程内容整体性和学科本质的一致性,另一方面也是对中央"双减"工作的积极回应,为学生留出更多自由探索学习的空间,实现减负增效。

二、课程要求变化

新课标提出"课程内容的组织要重视过程,处理好过程与结果的关系",将"要求"分为结果性要求和过程性要求两类,并且增加了过程性要求的数量,这也进一步凸显了"四基"(基础知识、基本技能、基本思想、基本活动的经验)以及核心素养形成的过程性要求——缺少个体真实、完整、深刻的活动及体验感悟过程,相应的素养也无法形成。此外,课标中减少"了解""掌握"类要求的内容数量,降低了课程难度,增加"感悟""探究"类要求的内容数量,注重学生"四基""四能"(发现问题能力、提出问题能力、分析问题能力、解决问题能力)的发展。

课标的各项变化为教育教学提出了新的要求、新的目标和新的思路。知识是载体,核心素养是目标。若要真正实现减负增效,在作业设计过程中必须根据学习和发展的需要对知识进行筛选、重组以及统整,做到"少而精",杜绝机械训练、死记硬背甚至"题海战术"。在作业内容上注重思考活动化、生活化、游戏化的设计,提高"探索"要求的学习活动数量,以增强学生的探究意识、创新意识和问题解决能力。

第三节　小学数学单元作业设计的基本操作步骤

数学单元教学设计是在整体思维指导下,从提升学生数学核心素养的角度出发,通过教学团队的合作,对相关教材内容进行统筹重组和优化,并将优化后的教学内容视为一个相对独立的教学单元,以突出数学内容的主线以及知识间的关联性,在此基础上对教学单元整体进行循环改进的动态教学设计。而数学单元作业设计是单元教学设计的重要环节,其目的是帮助教师更好地理清并建立"四基""四能"与核心素养之间的关系。在作业内容设计方面需要综合考虑课标、教材和学生情况,选择有利于培养学科核心素养的学习内容和情境素材,制定作业目标、选择学习任务、确定作业形式、制定作业要求和评价标准等,使学科核心素养真正地具体化,可培养、可干预、可评价。

单元作业设计的基本流程包括:单元整体规划,制定单元教学目标以及与之相匹配的单元作业目标,根据目标设计作业内容,进行课时作业内容设计,基于作业结构要素调整与完善作业内容,基于作业结果改进作业。[①]（图1）

① 王月芬. 重构作业:课程视域下的单元作业[M].北京:教育科学出版社,2021:198+200-219.

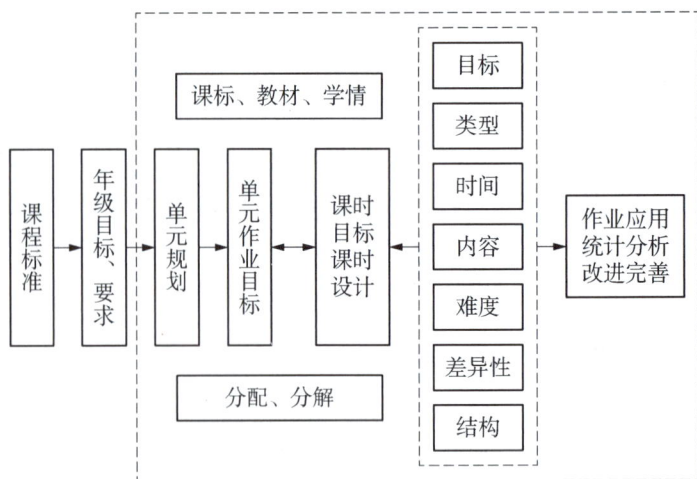

图1 单元作业设计基本流程

一、小学数学内容单元划分

单元的划分,常见的是按照教材的自然章节划分自然单元。除此之外还有综合单元,新课标中也称之为"大单元",即按照不同的学习目标划分单元,如按照某一数学主题划分的知识类单元、按照数学思想方法划分的方法单元、按照核心素养划分的素养单元等。综合单元涵盖的内容一般会跨越年级,出现在不同册的教材之中,需要教师个人对课标、教材进行系统的梳理与思考,按照教学的线性流程将其分成多个学习阶段。简而言之,教师个人是单元的决定者。

同时,新课标明确了数学学科的整体育人目标,意味着教师的教学工作不能再局限于教材中的传统教学单元,需要在教材分析基础上,采用系统论的方法对教材中"具有某种内在关联性"的内容进行分析、重新组织、整合,建构新的单元。① 显然这样的单元可以跨越整章或多章节、学段的范围。也正因如此,单元教学在学生核心素养的培养、情感的塑造以及思维习惯与方法的形成等方面发挥着不可或缺的作用。

在本书中,单元主要根据数学知识内容的关联性、相似性进行统整的方式来划分。如,分成整数的认识单元,整数加减法的意义和算法算理单元,整数加减法的应用单元,圆和扇形单元,数据分类与统计表单元等。这些单元有些是跨章节的单元,且多以知识的逻辑关系加以组织,具有思维递进关系。

二、撰写单元作业目标

作业目标主要反映作业需要实现的功能和作用。单元作业目标科学与否决定了作业设计的起点是否正确,它是单元作业设计的基本依据。值得注意的是,单元作业目标与单元教学目标不是一种简单的从属关系,而应该更加强调相互促进和补充的关系。单元作业目标

---

① 吕世虎,吴振英,等.单元教学设计及其对促进数学教师专业发展的作用[J].数学教育学报,2016(05):16-21.

的形成方式主要包含以下两方面:其一是与单元教学紧密相关,已经掌握但有必要进一步巩固、强化或拓展的教学目标,可以将其中的学习结果描述直接转化为作业目标;其二是与教学目标没有明显关系,但又是课程标准中规定的目标与要求,是只有通过课外才能实现的目标,如社会实践、外出参观考察、专题调查等。

单元作业目标包含以下关键要点:首先,单元作业目标需包含知识技能目标和数学核心素养目标双重含义,凸显学科的育人价值,彰显核心素养的水平进阶。具体而言,目标的设定需要基于学科知识和技能的要求进行明确表述。其次,单元作业目标应具有综合性与具体性。它们应该全面反映整个单元的学习要点,并进行系统编排。尽管目标较为综合,但目标表述需条目清晰、具体、明确,避免泛泛而谈,以确保学生清晰理解要求。再次,单元作业目标应与课程标准相一致,目标指向学生未来的发展,目标之间需要相互关联,表述简洁明确。最后,学习目标的表述主体应该是学生,学习结果要以表现性行为表述,以确保目标的可操作性和可测量性。这样的表述有助于明确学生需要达到的标准和水平。

在实际撰写过程中,教师首先可以参考课标中的"学业要求"以及各学段的"学业质量描述"。例如,第二学段"数与代数"内容相关的目标包括:认识自然数,经历小数和分数的形成过程,初步认识小数和分数;能进行较复杂的整数四则运算和简单的小数、分数的加减运算,理解运算律;形成数感、运算能力和初步的推理意识。除了参考课程标准,还应充分考虑学生的实际情况、学习特点以及单元内容的难易程度。通过综合考虑这些因素可以确保目标的可行性和实际性,有助于促进学生全面发展,提高教育教学的质量。例如,统计与概率领域的第一单元"数据分类与统计表"中的一条作业目标为:了解分类和分类标准的关系,能够根据给定的分类标准对图案进行分类,感知各种几何图形及组成元素,依据图形特征进行分类,发展几何直观。因此,在明确学习目标时,请务必细致入微地考虑以上关键点。

三、选择学习任务

在选择作业的内容时,应根据学习目标选择能够帮助学生达到目标的任务。这些任务应该能够让学生通过思考、探究、实践等方式来巩固知识和提高能力,从而更好地掌握所学内容。此外,在作业的内容上还应尽量考虑任务的多样性和趣味性,以激发学生的学习兴趣。通过多样性的任务设置,可以让学生在不同的情境下运用所学知识,从而增强学生的综合应用能力,同时也能让学生在轻松愉悦的氛围中完成作业,从而强化学生的学习动力,优化效果。因此,在作业的内容上应该注重学习目标的实现,同时也要考虑学生的学习兴趣,从而创造一个良好的学习环境。

四、确定作业类型

作业形式的确定对于学生的学习效果和兴趣的培养起着至关重要的作用。在确定作业形式时,要对整个单元的学习目标进行充分解读,从任务的特点和学生的思考过程,综合考虑多种因素,以确保作业的有效性和可行性。其中,任务的特点是作业形式选择的重要参考因素之一。数学作业的类型也可以很丰富,其中常见的书面作业有设计方案、研究报告、思维导图、错题集等,非书面作业可以包括听说类、动手操作类、实践类、合作类等。例如:想要展现学生的数学思考过程,可以设计开放式的作业,强调问题解决过程显性化与个性化的表达;制作模型、画图等作业可以考查学生图形与几何的学习进展。此外,学生的实际情况也是作业形式选择的重要考虑因素。教师应该了解学生的兴趣、能力、学习习惯等方面的情况,以便根据学生的实际情况选择合适的作业形式。例如,对于一些口语表达能力较差的学生,可以选择口头表达的形式,以帮助他们提高口语表达能力。总之,在确定作业形式时,需要充分考虑任务的特点和学生的实际情况,以便选取最合适的作业形式,从而更好地促进学生的学习效果和兴趣的培养。

五、明确作业要求

教师需要根据学生的能力水平和任务的具体要求来提出作业的具体要求,这些要求主要体现在题目的末尾。例如,适用于低年级口头作业的"请和爸爸妈妈说一说你的想法""大声读一读",常见书写类作业的"说说你用到了什么方法""请写出你的思路和想法",实践类作业的"快动手试一试吧"等。还有复习类作业,教师需要给出明确的复习策略建议和具体要求。以现在比较流行的思维导图为例,绘制思维导图可引导学生对概念进行知识结构的梳理,教师可以设计三层引导语:首先,列出数学概念的所有关键词,完成第一层的思维导图绘制;其次,仔细思考概念的所有应用场景,在原来导图的基础上进行细化,构建第二层级的思维导图,进行"开枝散叶";最后,进一步深化理解,给不太熟悉的知识点做上标记,方便日后进行针对性复习。学生按照这样的流程,便可以做出一份个性化、适合自己学习情况的思维导图。

教师还需要设置作业的时间限制,确保学生能够在一定的时间内完成作业。应该综合考虑作业内容的针对性和实际性,让学生能够通过完成作业来提升知识水平和能力素质,同时避免过于烦琐和枯燥的作业要求,影响学生的学习积极性。制定作业要求是教学过程中一个必不可少的环节,它可以帮助教师更好地指导学生,提高教学效果,同时也可以让学生获得更多的知识和能力提升的机会。

六、制定评价标准

制定单元作业的评价标准是确保学生能够按照要求完成作业,并确保学习目标得以实现的重要环节。评价方式的选择和标准的制定应该结合作业的学习目标、要求等进行,并包括知识内容、学习表现等方面的评价标准。可以从以下几个方面入手:首先,通过内容评价来考查学生是否能够准确地理解作业要求和学习目标,是否能够深入且全面地阐述相关知识点。其次,可适当设计文本格式评价,目的是检验学生的作业是否符合规范要求,包括书写、计算过程是否完整等方面。再次,通过表现性评价对学生的数学表达能力进行了解。最后,对作业整体进行创意评价可以评估学生的创造力和思维能力,看学生是否能够提出有独创性的见解和思路。通过制定详细的评分标准,教师可以更加公正地评估学生的作业,并且可以为学生提供有针对性的反馈和指导,帮助学生更好地完成作业,提高学习效果。

以小学数学的综合实践类作业为例,这类作业的目标是帮助学生将所学的数学知识应用于实际生活中,提高学生的数学应用能力和实践能力。在设计综合实践类作业的评价指标时,应该考虑以下六个方面:

任务完成情况。这是评价综合实践类作业的基本要素之一,主要考查学生是否按照作业要求完成任务,包括任务的数量和质量等方面。

创新思维和问题解决的能力。综合实践类作业的评价指标不仅关注学生的任务完成情况,还要关注他们在处理挑战和应对复杂情境时展现出的创新性思维和问题解决的能力,例如,提出新颖的解决方案、灵活应对变化、寻找创意解决路径等。

团队合作能力。综合实践类作业通常需要学生合作完成任务,因此评价指标应该考虑学生在团队合作中的表现,包括沟通、合作、协作和分工等方面。

作业呈现形式。综合实践类作业的呈现形式多种多样,评价指标应该考虑学生作业的呈现形式是否清晰、准确、完整,是否具有良好的可读性和可理解性。

道德品质。在完成综合实践类作业的过程中,学生应该遵守道德准则和行为规范,评价指标应该考虑学生是否表现出了诚实、守信、尊重他人等道德品质。

七、反馈和总结

作业反馈和总结是教学过程中必不可少的环节。及时反馈学生的作业可以让学生更好地了解自己的学习情况,同时也可以让教师及时了解学生的学习状况,为今后的教学设计和作业要求提供参考。反馈应该包括优点和不足两个方面,既要充分肯定学生的优点,也要指出学生的不足,并给出明确的改进建议。这样可以激发学生的学习动力,让他们更加自信地面对学习中的困难。同时,教师也应该进行总结,对学生的作业情况进行分析,看看学生在哪些方面表现得不错,哪些方面需要加强。总结的过程可以提高教师的教学水平,并改进教学设计和作业要求。

第二章
数与代数领域的单元作业设计

新课标的"数与代数"领域将 2011 版课标中"数的认识""数的运算"等六个主题整合为"数与运算""数量关系"两个主题。其中"数与运算"由原来的"数的认识"和"数的运算"两个主题整合而成,包括整数、小数和分数及其四则运算,进一步强调数的认识与数的运算不可分离,明确指出数是对数量的抽象,数的运算重点在于理解算理、掌握算法,为学生形成数感、量感、符号意识、运算能力、推理意识等核心素养提供基础。"数量关系"主要是用符号(包括数)或含有符号的式子表达数量之间的关系或规律。学生经历在具体情境中运用数量关系解决问题的过程,感悟加法模型和乘法模型的意义,提高发现和提出问题、分析和解决问题的能力,形成模型意识和初步的应用意识。

此外,新课标中明确要求"感悟运算的一致性",教学提示中也指出"数的运算教学应注重对整数、小数和分数四则运算的统筹,让学生进一步感悟运算的一致性"。单元作业设计通过将知识进行系统的串联,能够帮助学生理清数学表达的一致性和数学运算的一致性,能够反映学生是否感悟并理解整数、分数和小数基于计数单位的表达,是否知道算法的道理。

本章将小学阶段(1~6 年级)数与运算领域以知识内容为主线划分为"主题类单元",包括:整数的加减法、整数的乘除法、分数的认识、小数的加减法、比与比例、用字母表示数,以及整除关系七个作业大单元。

第一节　整数的加减法

数的概念起源于古人为了满足实际生活中对事物数量表示的需要。数字是对数量的抽象,来源于实际物体和情境。自然数则是在这些抽象中构建起来的,它们反映了事物的数量和次序。自然数形成的方式有两种,一种是基于一一对应的关系,比较不同集合中元素的个数;另一种是基于后继原则,通过逐步增加来构建自然数序列。自然数具备基数(数量)和序数(次序)的属性,可以通过数轴进行直观理解。

理解加减运算的意义是小学数学中运用加减法解决问题的基础。因此要充分利用学生的已有经验,通过几何直观帮助学生理解数量关系。"加法模型"即"总量＝分量＋分量",是小学阶段数量关系中重要的数学模型。教师要尝试基于简单的生活情境设计作业,帮助学生运用加减法、借助几何直观等解决问题,并解释结论的实际意义,初步形成模型意识和应用意识。

（一）整数的认识（第一学段）

作业目标

1. 能用数表示物体的个数或事物的顺序。
2. 能用符号表示数的大小关系。

核心素养

1. 数感:在真实情境中理解数的意义,能用数表示物体的个数、事物的顺序。
2. 符号意识:能够感悟符号的数学功能。
3. 推理意识:从事实出发,依据规则推出其他结论。

作业内容

1. 森林里的小动物们正在排队称体重。

(1) 动动你的小手指数一数,一共有（　　　）只小动物。

(2) 请你说一说,从**左**往**右**数,它们各排在第几个?

① 小狗是第（　　　）个

② 青蛙是第（　　　）个

③ 蜜蜂是第（　　　）个

④ 小马是第（　　　）个

(3) 请你说一说,从**右**往**左**数,它们各排在第几个?

① 小狗是第（　　　）个

② 青蛙是第（　　　）个

③ 蜜蜂是第（　　　）个

④ 小马是第（　　　）个

(4) 小动物们的体重称好了,请仔细读题,在括号里填上"＝""＞""＜"。

① 青蛙的体重比蜜蜂的重,兔子的体重比青蛙重,兔子的体重（　　　）蜜蜂的体重。

② 小马的体重比小猪的重,小狗的体重比小猪轻,小马的体重（　　　）小狗的体重。

🔍 作业展示①

第1题

（1）动动的你小手指数一数，一共有（6）只小动物。

（2）请你说一说，从左往右数，它们各排在第几个？

　　①小狗是第（2）个

　　②青蛙是第（5）个

　　③蜜蜂是第（6）个

　　④小马是第（1）个

（3）请你说一说，从右往左数，它们各排在第几个？

　　①小狗是第（5）个

　　②青蛙是第（2）个

　　③蜜蜂是第（1）个

　　④小马是第（6）个

（4）小动物们的体重称好了，请仔细读题，在括号里填上

=，＞，＜。

　　①青蛙的体重比蜜蜂的重，兔子的体重比青蛙重，兔子
的体重（＞）蜜蜂的体重。

　　②小马的体重比小猪的重，小狗的体重比小猪轻，小马
的体重（＞）小狗的体重。

🔍 作业评价

　　这份作业考查了学生对数的基数和序数两种属性的认识，并以相等关系的初步理解为出发点，出色地体现了新课标中有关数的认识的内容要求。在"数一数"的活动中，学生明确了小动物之间的关系，并尝试用数学符号表示它们的顺序，强化了数感和符号意识。在"比一比"的练习中，学生需要比较小动物的体重，并填入适当的符号，这不仅考查了学生对数的大小关系的理解，也能够让他们初步感受到自然数的实际意义，增强解决实际问题的意识和数学应用能力。

_____

① 为体现单元作业实际，本书展示作业均为学生当时作业原貌。

作业目标

1. 能认、读、写万以内的数,能说出不同数位上的数表示的数值。

2. 能结合具体实例解释万以上数的含义,会用万、亿为单位表示大数。

核心素养

1. 数感:对于数概念的直观感悟。

2. 符号意识:能够感悟符号的数学功能。

3. 应用意识:能够感悟现实生活中蕴含着大量与数量有关的问题,可以用数学的方法予以解决。

作业内容

1. 小熙制作了一个数位表。

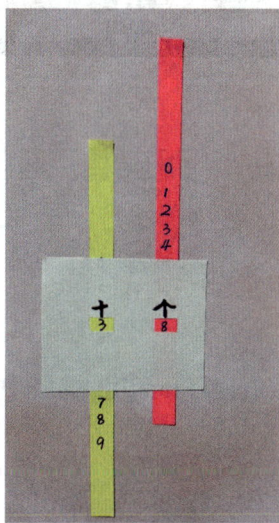

(1) 你能读出上面的数吗?

写作:_____;读作:_____;个位上是_____,表示_____个_____;十位上是_____,表示_____个_____。

(2) 你能根据这个数位表,制作能够表示更多位数的万能数位表吗? 快动手试一试吧!

2. 读一读,写一写。

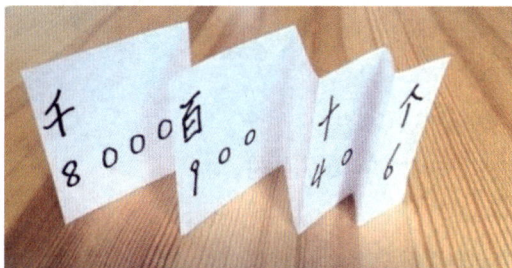

写作:_____;读作:_____。

3. 算盘起源于中国，是我国的优秀文化遗产。在阿拉伯数字出现前，算盘是世界上广为使用的计算工具。它以排列成串的算珠作为计算工具，成串算珠称为档，中间横梁把算珠分为上、下两部分，每个上珠代表 5，每个下珠代表 1。每串算珠从右至左依次代表十进制的个位、十位、百位、千位、万位数，可以任意选定某档为个位，不拨珠空档表示 0。

（1）掌握了算盘的计数方法后，请你说一说 38、753、2 089、35 641 在算盘上如何表示。

（2）试着用算盘表示更大的数，并且读一读吧。

作业展示

查看更多

作业评价

这份作业旨在帮助学生掌握数值读写和运用的基本技能。着眼于低学段学生的认知特点，即开始逐步形成直观、具体、形象的逻辑思维能力，使用算盘这一古老的计算工具进行数概念的启蒙，建立思维的桥梁，帮助学生从直观模型开始理解数的概念，在数量与数字之间建立关联。此外，通过制作"可抽拉数位表""折页数位表"这些探究与动手相结合的数学活动，帮助学生探索数与数之间的大小关系，并理解位值概念。

（二）整数加减法的意义和算理算法（第一学段）

作业目标

1. 理解加法与减法的含义，能描述减法与加法的关系。
2. 能熟练口算 20 以内数的加法、减法。
3. 能用多种方法计算两位数和三位数的加法、减法。
4. 能运用运算律进行简便运算，解决相关的简单实际问题。

核心素养

1. 数感：在真实情境中理解数的意义，能用数表示物体的个数、事物的顺序。
2. 符号意识：能够感悟符号的数学功能。
3. 运算能力：根据法则和运算律进行正确运算；理解算法与算理之间的关系。

4. 推理意识:能够通过简单的归纳或类比,猜想或发现一些初步的结论。

5. 几何直观:建立形与数的联系,构建数学问题的直观模型。

6. 抽象能力:通过对现实世界中数量关系的抽象,得到数学研究对象,能够用数学符号予以表达。

作业内容

1. 分别计算下面的两个题组,说说你发现了什么。

$5+6=$	$5+6=$	$5+6=$
$5+7=$	$6+6=$	$6+7=$
$5+8=$	$7+6=$	$7+8=$
$5+9=$	$8+6=$	$8+9=$
$5+10=$	$9+6=$	$9+10=$

$12-5=$	$12-5=$	$12-5=$
$12-6=$	$13-5=$	$13-6=$
$12-7=$	$14-5=$	$14-7=$
$12-8=$	$15-5=$	$15-8=$
$12-9=$	$16-5=$	$16-9=$

通过观察、计算、比较,我发现:_____

2. 小熙和菲菲去超市购买文具用品,请仔细观察她们的购物小票,回答:

(1) 购物小票上包含了哪些信息?

(2) 你能用数学算式分别表示出两人的付款金额吗?

(3) 根据算式,你发现了什么规律?

(4) 你能用上面发现的规律,用两种方法计算 $24+17+16+33$ 吗?

3. 请借助下图,解释 $(2+3)+4=2+(3+4)$。

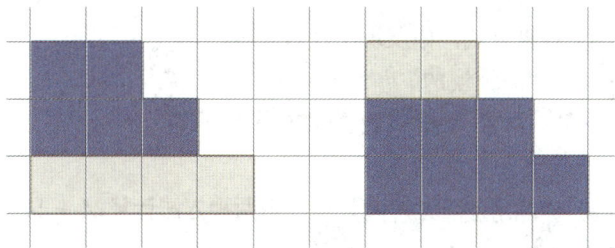

4. 分别将下图中相同颜色的方块数量相加,再计算出总的方块数。

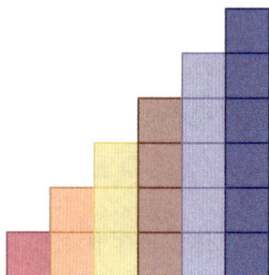

（1）方法一：＿＿＿＿＿＿＿＿＿＿＿＿＿＿

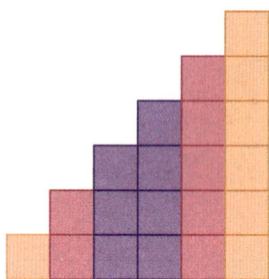

（2）方法二：＿＿＿＿＿＿＿＿＿＿＿＿＿＿

（3）试着根据题（2）在方格纸中画一画，计算：$1＋2＋3＋4＋5＋\cdots＋20＝?$

（4）试着计算 1～100 之间的所有整数的和，说说你用到了什么方法。

5. 请分别用横式和竖式计算：$231－53＝?$

🔍 作业展示

第 2 题

（1）购物小票上包含了哪些信息？

答：包含了编码品名数量单价总价。

（2）你能用数学算式分别表示出两人的付款金额吗？

$1.7+2+2$ $2+1.7+2$
$=3.7+2$ $=3.7+2$
$=5.7(元)$ $=5.7(元)$

答：两人的付款金额为5.7元。

（3）根据算式，你发现了什么规律？

我发现：交换两个加数的位置，和不变。

（4）你能用上面发现的规律，用两种方法计算24＋17＋16＋33吗？

① $24+17+16+33$
$=(24+16)+(17+33)$
$=40+50$
$=90$

② $24+17+16+33$
$=(17+33)+(24+16)$
$=50+40$
$=90$

第3题

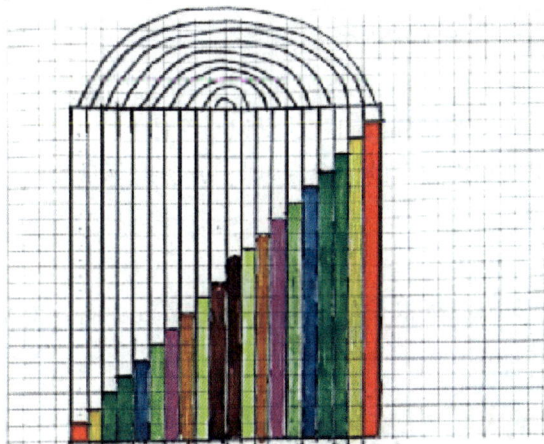

1) 2 3 4

2+3=5
(2+3)+4
=5+4
5+4=9 =9

2) 2

3+4=7
7+2=9
2+(3+4)
=2+7
=9

先算第一行与第二行的格子数,即2+3=5,再与第三行相加,5+4=9。

也可以先算算第二行与第三行的格子数,即3+4=7,再与第一行相加,7+2=9。

所以(2+3)+4=2+(3+4)=9。

第4题

（1）方法一：　$1+2+3+4+5+6=21$

（2）方法二：　$7+7+7=21$

（3）试着根据题（2）在方格纸中画一画，计算：$1+2+3+4+5+\ldots+20=?$

$1+2+3+4+5\ldots+20$
$=(1+20)+(2+19)+(3+18)+\ldots+(10+11)$
$=21+21+21\ldots+21$
$=210$

（4）试着计算 1~100 之间的所有整数的和，说说你用到了什么方法。

$1+2+3+4+\ldots98+99+100$
$=(1+100)+(2+99)+(3+98)+\ldots+(44+52)+(50+51)$
$=101+101\ldots+101+101$　（一共有 50 个 101 相加）
$=5050$

我是这样想的：

我根据上面三幅图表的规律，我用了首尾相加的方法来计算，就是 50 个 101 相加,这样算起来简便又快速。

查看更多

🔍 **作业评价**

这份作业引导学生进行观察与思考,在发现变化规律的过程中加深对加减法的理解,即加法的合并与添加、减法的分离与拿走,以及加法的逆运算——减法的特点,引导学生在多种任务中掌握算法,理解算理。题目设计层次多元,从计算任意两个自然数加法的基础开始,逐步引入进位加法等关键概念。此外,学习活动中还注重唤醒学生的生活经验,激发学生学习的兴趣。运用几何直观模型,如数轴和方格纸,不仅能够引导学生从添加和合并的角度理解加法,还能够让他们感悟数形结合对于解决数学问题的重要性,从而提升数感、符号意识、运算能力以及推理意识等数学素养。

（三）整数加减法的应用（第一学段）

🔍 **作业目标**

1. 能在熟悉的生活情境中运用数和数的运算,合理表达简单的数量关系,解决简单的问题。

2. 能在解决问题的过程中,体会其中的方法哲理,解释计算结果的实际意义,感悟数学与现实世界的关联。

🔍 **核心素养**

1. 数感:在真实情境中理解数的意义,能用数表示物体的个数、事物的顺序。

2. 符号意识:能够感悟符号的数学功能。

3. 模型意识:对数学模型普适性的初步感悟。

4. 推理意识:从一些事实出发,依据规则推出其他结论的能力。

5. 几何直观:运用图表描述和分析问题的意识与习惯。

6. 应用意识:有意识地利用数学的概念、原理和方法解释现实世界中的现象与规律,解决现实世界中的问题。

🔍 **作业内容**

1. 下图是一个正方形相框,外框长14 cm,内框长12 cm。有8根宽度为1 cm的装饰条,长度分别为:3 cm,4 cm,5 cm,6 cm,7 cm,8 cm,9 cm,10 cm。

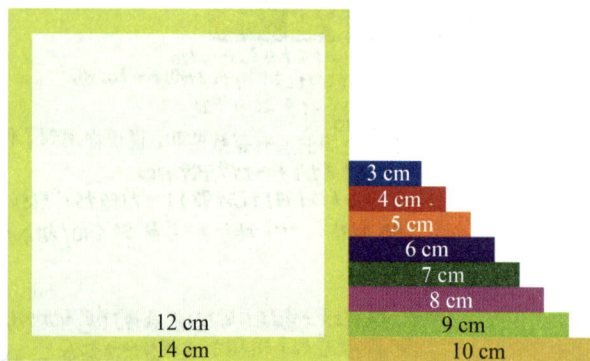

（1）想一想，在不重复使用装饰条的情况下，如何粘贴装饰条可以覆盖整个相框？拿出剪刀和胶棒，动手试一试吧！

（2）试着做出更多的粘贴方案吧！你能列出相应的等式证明你的方案是正确的吗？

2. 小熙一家三口计划 9 月份一起去海洋公园游玩。爸爸平时做 3 休 1，即工作 3 天后休息 1 天；妈妈做 1 休 1；小熙自己每周六、周日休息。9 月 1 日大家都开始工作、学习。请回答下面问题：

星期日	星期一	星期二	星期三	星期四	星期五	星期六
				1	2	3
4	5	6	7	8	9	10
11	12	13	14	15	16	17
18	19	20	21	22	23	24
25	26	27	28	29	30	

（1）你能在日历上分别标记出小熙一家三口的休息日吗？

（2）小熙一家的出游日期是几号星期几？你是如何知道的？

（3）仔细观察日历，看看其中还隐藏着哪些数学秘密。

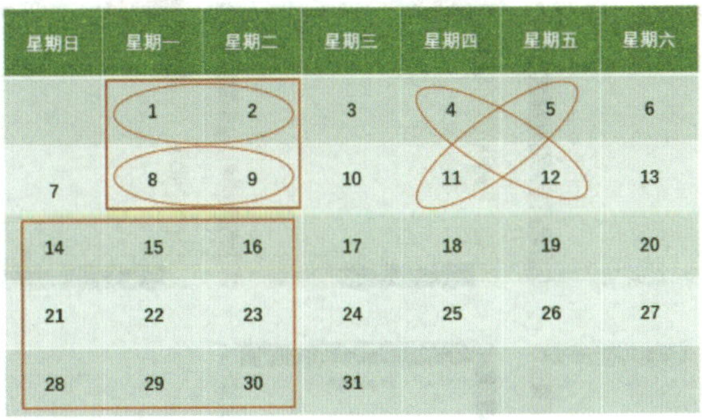

星期日	星期一	星期二	星期三	星期四	星期五	星期六
	1	2	3	4	5	6
7	8	9	10	11	12	13
14	15	16	17	18	19	20
21	22	23	24	25	26	27
28	29	30	31			

3. 美美电器城进行开学季促销活动，其中三款音乐播放器正在热销。下图是产品名称和价格。

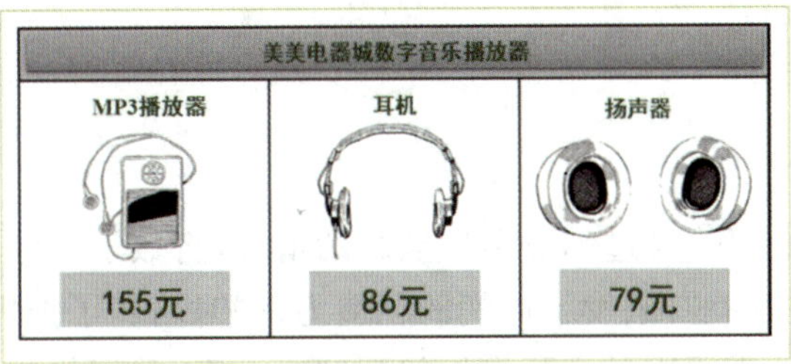

美美电器城数字音乐播放器

MP3播放器	耳机	扬声器
155元	86元	79元

（1）小熙在计算器上加上了 MP3 播放器、耳机和扬声器的价格。她得到的答案是 248。

248

小熙的计算结果显然是错误的。她犯了以下错误之一。你能指出来吗?(　　　)

A. 她把其中一个价格加了两次。

B. 她忘了把三个价格中的一个算进去。

C. 她漏掉了其中一个价格的最后一个数字。

D. 她减去了其中一个价格,而不是把它们相加。

(2) 下表中罗列了美美电器城本次促销活动一周的营业额。

日期	周一	周二	周三	周四	周五	周六	周日
营业额(元)	215 500	247 401	287 530	313 206	305 832	337 250	356 823

通过观察表格,说一说这一周中哪天的营业额最多。利用计算器计算这一周的总营业额是多少。

作业展示

(1) 我这么想:8个装饰条都用上,先分析10厘米装饰条放在边的情况。因为框架长14厘米,所以10厘米装饰条只能与3厘米、4厘米组合。我用同样的方法思考另外几条边的长度。

(2)

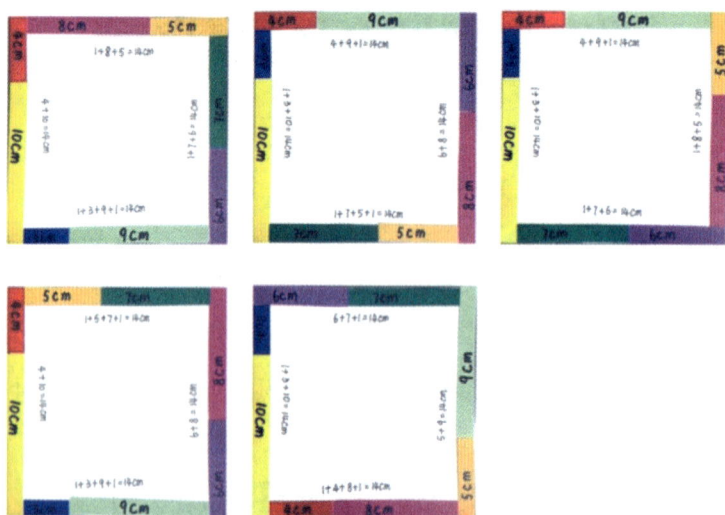

查看更多

作业评价

这份作业设计寓教于乐,通过创设学生熟悉的情境,将数学与生活联系起来,让学生进行合理的数学建模,解决问题,激发了他们的创造力,同时培养了推理意识和应用意识。在装饰相框的问题中,学生需要通过实际操作找到解决方案,并用等式进行证明,在创造相等关系的过程中初步渗透了等号的意义,引导他们向代数思维转变。在日历问题中,学生对生活中的数字进行观察,在简单的解决问题的过程中形成推理意识和应用意识。在计算商品价格的问题中,学生需要分析计算错误,从中找出正确答案,有助于更好地理解等号的多重含义,为日后代数学习奠定基础。

第二节　整数的乘除法

我们常说乘法是加法的简便运算,事实上,更准确的说法是,自然数集合的乘法是加法的简便运算。当 a、b 都为自然数时,乘法运算 $a \cdot b$ 表示 a 个 b 相加。但是,当 a 为负整数时,$a \cdot b$ 就没有这种意义了,因此,整数集合的乘法不是加法的简便运算。

乘法运算涉及两种类型的单位:"以一为单位"和"以几个一为单位"。如 3×4,它表示 3 个 4 相加,这里的"3"是以"一"为单位,"4"则是以"4 个一"为单位。通常我们可以用以下基本模型解释乘法运算:①几个相同的集合;②在数线上面连续加;③点阵模型;④面积模型。两个一位数乘法(表内乘法)是计算任意两个自然数相乘的基础,因此我们需要熟记在心。多位数乘法的计算一般做法是将其分解为一系列一位数乘法。先数位对齐,然后从右向左,通常将第二个因数每个数位上的数乘第一个因数,乘到哪个数位,得数的末尾就和第二个因数的哪一位对齐,最后运用加法运算法则将这几个得数按列对应相加,得到的和就是最终的结果。

除法是乘法的逆运算,因此,除法是通过乘法来定义的。若 m、n 都为自然数,且 m 是 n 的 k 倍,其中 k 是自然数,那么 $m \div n$ 表示满足 $m = kn$ 的自然数 k。如果我们用-代替 $\div$,用+代替 $\times$,那么可以得到减法的定义。也就是说,两个数的"商"是两个数的"差"的平行概念。带余除法是与除法相关的一个概念。通常被定义为:任意给定自然数 a 和 d,其中 $d > 0$,则存在唯一的自然数 q 和 r,使得 $a = qd + r$ 且 $0 \leqslant r < d$。其中,a 为被除数,d 为除数,q 为带余除法的商,r 为带余除法的余数。

带余除法和除法在本质上是不同的。除法是算术运算,算术运算指的是为一对自然数 m 和 n 指定一个自然数,其中 m 和 n 的顺序不可改变。但是,带余除法是为一对有序的自然数 m 和 $n(n \neq 0)$ 规定了两个自然数与之对应,即带余除法的商和余数,这使得带余除法不能成为算术运算。只有当 m 是 n 的倍数时,$m \div n$ 的概念才恰好对应于余数为 0 时 m 与 n 的带余除法。可以说,除法是带余除法概念的一种特殊情况。在竖式除法中,被除数被分解成以不同计数单位为单位的若干个部分,这些部分分别除以除数进行试商,除数则是整体参与运算。每一次的商总是小于等于 9 个计数单位,这将除法运算又还原成了表内乘法运算。其实,除法运算法则是一系列带余除法的合成,每一步带余除法的除数都相同,被除数比原来的要简单得多,从而每个带余除法的商都是一位数。

在进行多位数加、减、乘或除法运算时,学生通常会呈现出多样化的算法。教师需要把握"算法多样性"和"优化"二者之间的度,追求算法多样性中的标准算法,帮助学生体会标准算法的合理性。标准算法必须能反映数学的本质,它的核心思想是:进行多位数计算时,把计算过程分解成许多步,使得每一步(解释合理的话)都只涉及一位数的计算。每一步只关心一位数的计算,而不用管那些参与计算的数有多大。这是标准算法的优点,但也正因为每一步运算只关心一位数,会让学生失去位值制的整体观念。没有位值制就不可能解释加、减、乘和除法的运算法则,因为运算法则本身就建立在位值制这个概念的基础上。因此,掌握算法、理解算理需要同步进行。

（一）整数乘法的意义(第二学段)

作业目标

1. 能在具体情境中体会乘法的意义,能够说明乘法与加法的关系。
2. 知道乘法是加法的简便运算。
3. 提升动手操作能力与语言表达能力。
4. 能借助计算器进行计算,并解释计算结果的实际意义。

核心素养

1. 数感:对于数与数量、数量关系及运算结果的直观感悟。
2. 模型意识:对数学模型普适性的初步感悟。
3. 几何直观:运用图表描述和分析问题的意识与习惯。
4. 推理意识:从一些事实出发,依据规则推出其他结论的能力。

作业内容

1. 请结合下面的方块图解释 $1 \times 2 = 2$。

2. 下面的方格纸中每个格子代表单位 1。试着借助方格纸、数射线、画图等方法表示 $3 \times 9 = ?$

3. 下面三幅图中每个正方形都代表 1 个单位，它们的计算结果都是 30。请仔细观察，你能根据图中小方块颜色、排列等特征列出相应的算式吗？

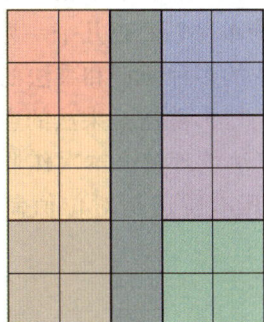 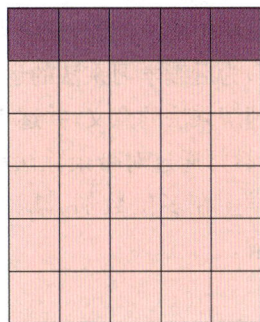

作业展示

第 3 题

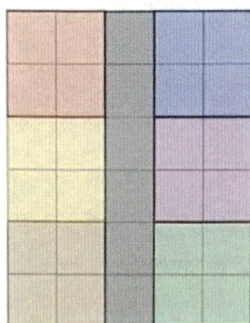

$$6\times(4\times1)+1\times6$$
$$=24+6$$
$$=30$$

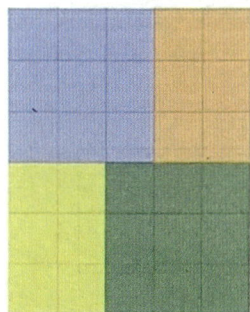

$$2\times(3\times3)+2\times(2\times3)$$
$$=2\times9+2\times6$$
$$=18+12$$
$$=30$$

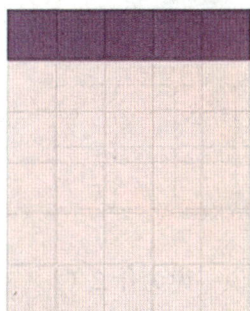

$$1\times5+5\times5$$
$$=5+25$$
$$=30$$

查看更多

🔍 **作业评价**

　　这份作业运用画一画、说一说等探究活动,培养了学生运用图表进行描述和分析问题的意识与习惯,同时将数学与生活联系起来,有效消除了学生对数学的陌生感,学生在实际问题情境中解决问题,理解乘法运算涉及的两种类型单位——"以一为单位"和"以几个一为单位",为后续学习乘法的运算作了铺垫。在此过程中,学生通过乘法的多种模型和乘法的定义理解乘法的意义,并逐步建立了乘法是加法的简便运算的概念。此外,除法是乘法的逆运算,教师通过对带余除法等概念进行解释,进一步加深了学生对算法的理解。本次作业引导学生在多位数加、减、乘或除法的运算中,使用了多种算法,其本质还是对位值制的理解。

(二) 整数乘法的算理(第二学段)

🔍 **作业目标**

1. 通过各类探究活动,加深对整数乘法算法、算理的理解。
2. 能熟练口算表内乘法。
3. 能计算两位数乘两、三位数。
4. 根据具体情境理解等式的基本性质。

🔍 **核心素养**

1. 数感:对于数与数量、数量关系及运算结果的直观感悟。
2. 运算能力:根据法则和运算律进行正确运算的能力。

🔍 **作业内容**

1. 结合下面的方块图,说一说为什么 $2 \times 3 = 3 \times 2$。

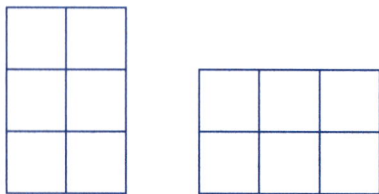

2. 结合下面的方块图,说一说为什么 $2 \times (3+4) = 2 \times 3 + 2 \times 4$。

3. 用两种方法数一数下图中有多少个"•",说一说为什么 $(2 \times 3) \times 4 = 2 \times (3 \times 4)$。

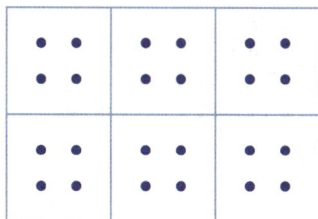

4. 计算：$25 \times 125 \times 6 \times 4 \times 8 = ?$

5. 观察下面两组等式，说说你有什么发现。

$19 + 6 = 25$
$19 + 6 - 5 = 25 - 5$
$19 + 6 + 10 = 25 + 10$

$25 \times 4 = 100$
$25 \times 4 \times 3 = 100 \times 3$
$25 \times 4 \div 2 = 100 \div 2$

通过观察、比较，我发现：

_____

6. 你会计算 204×7、320×4 吗？请用多种方式表示你的计算过程。

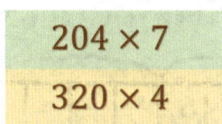

$$204 \times 7$$
$$320 \times 4$$

7. 下图是一个长 38 cm、宽 26 cm 的长方形。

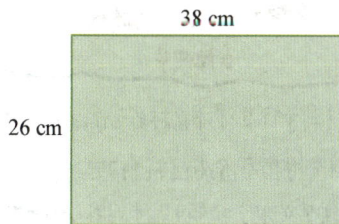

(1) 分别计算下图中的四部分面积，完成算式。长方形的面积是多少 cm²？

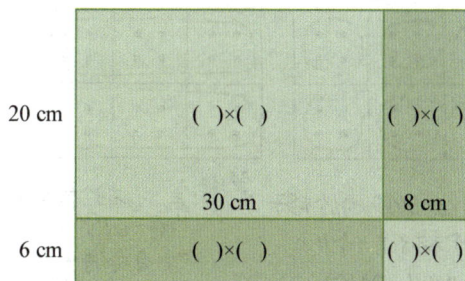

(2) 请结合问题(1)完成下图竖式，说说你发现了什么。

$$\begin{array}{r} 3\;8 \\ \times\quad 2\;6 \\ \hline \square\square\square \\ \square\square \\ \hline \square\square\square\square \end{array}$$

----- (6)×(30)+(6)×(8)
----- (20)×(30)+(20)×(8)

（3）请用多种方法计算并表示 $26 \times 34 =$？

8. 请利用计算器计算 15×15、25×25、35×35、…、95×95，

（1）探索计算结果与因数之间是否存在规律，说一说你的想法。

（2）根据发现的规律，你还能计算出哪些数与数之间的乘法？请举例说明。

🔍 作业展示

第 2 题

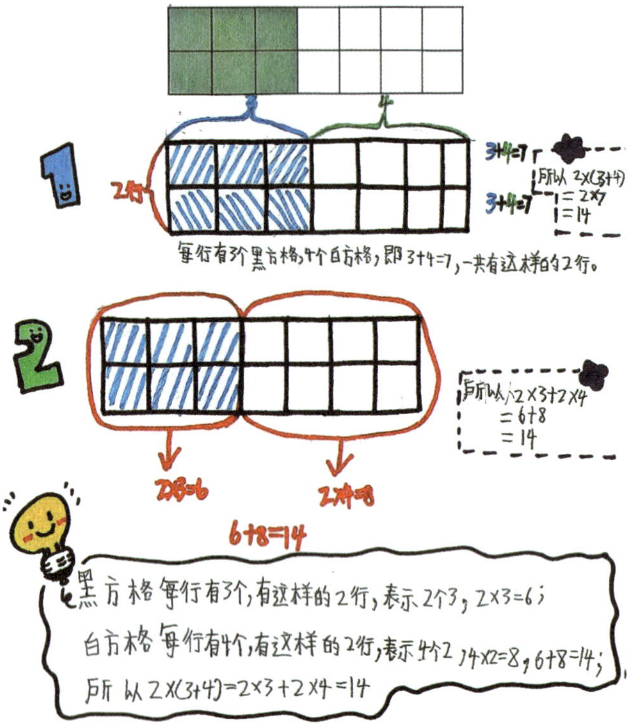

第 3 题

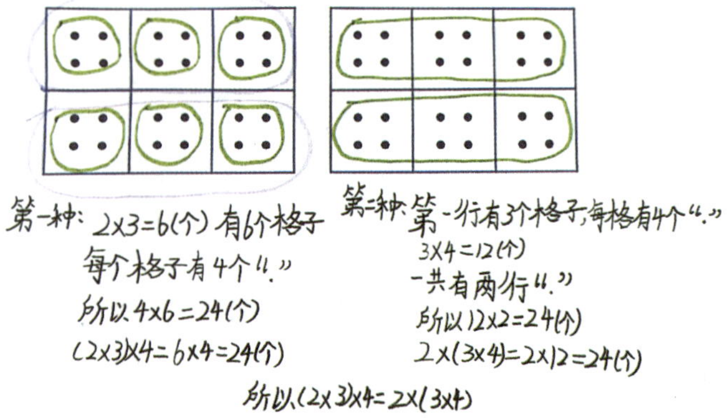

（1）分别计算下图中的四部分面积，完成算式。长方形的面积是多少cm²？

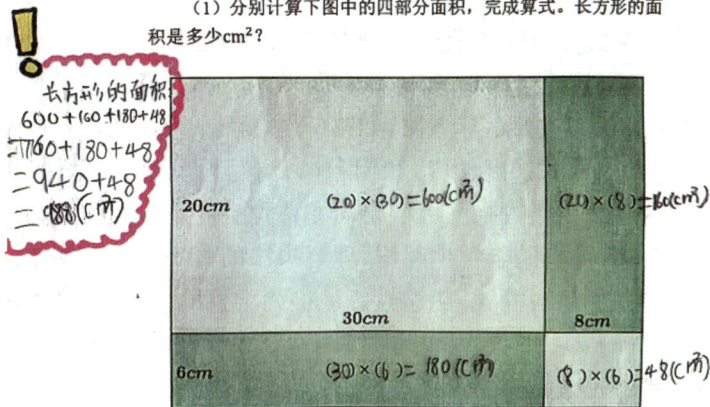

长方形的面积
$600+160+180+48$
$=760+180+48$
$=940+48$
$=988(cm^2)$

20cm

$(20)\times(30)=600(cm^2)$

$(20)\times(8)=160(cm^2)$

30cm

8cm

6cm

$(30)\times(6)=180(cm^2)$

$(8)\times(6)=48(cm^2)$

（2）请结合问题（1）完成下图竖式，说说你发现了什么？

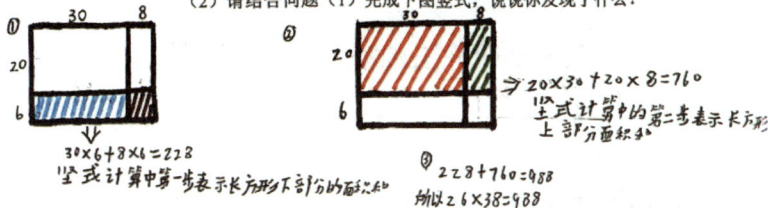

$30\times6+8\times6=228$
竖式计算中第一步表示长方形下部分的面积之和

$20\times30+20\times8=760$
竖式计算中的第二步表示长方形上部分面积和

$228+760=988$
所以$26\times38=988$

```
      3 8
  ×   2 6
 □ 2 2 8  ----(30)×( 6 )+( 8 )×( 6 )
   7 □ □  ----(20)×(30)+(20)×( 8 )
 □ 9 8 8
```

（3）请用多种方法计算并表示$26\times34=$？

1.竖式计算
```
    26
  ×34
   104  ······ 4×6+4×20=104
  78    ······ 30×6+30×20=780
  884
```

2.横式

30 4
20
6
26×34
$=(20+6)\times(30+4)$
$=20\times30+6\times30+20\times4+6\times4$
$=600+180+80+24$
$=780+80+24$
$=860+24$
$=884$

34
20
6
26×34
$=(20+6)\times34$
$=20\times34+6\times34$
$=680+204$
$=884$

34
30 26
4
26×34
$=(30-4)\times34$
$=30\times34-4\times34$
$=1020-136$
$=884$

30 4
26 26×30 26×4
26×34
$=26\times(30+4)$
$=26\times30+26\times4$
$=780+104$
$=884$

查看更多

🔍 **作业评价**

　　新课标要求"探索并掌握多位数的乘除法,感悟从未知到已知的转化",这个转化的重点是理解乘法算理并进行算法的迁移,理解如何对因数进行拆分,这在乘法计算中是十分重要的。本作业集中展现了乘法的主要运算方法,如第 7 题,问题(1)涉及面积模型,问题(2)涉及竖式展开式,问题(3)涉及横式。问题(1)和问题(2)清楚地呈现了多位数乘法的各个部分,问题(3)可以解释"为什么在竖式乘法中需要向左移位省略零",因为这些 0 在最后求和的运算中不起作用。多样表征有助于学生感悟、理解乘法的算法、算理,并体会到转化思想在数学学习中的作用。"找规律写算式"能够较好地提高学生的运算能力。另外,在组织多位数加、减、乘或除法运算的学习中,建议教师在追求算法多样性的同时,进一步帮助学生体会标准算法的合理性,理解位值制的整体观念。

（三）整数除法的意义（第二学段）

🔍 **作业目标**

1. 能在具体情境中理解除法的意义。
2. 知道除法是乘法的逆运算。
3. 提升动手操作能力与语言表达能力。

🔍 **核心素养**

1. 数感:对于数与数量、数量关系及运算结果的直观感悟。
2. 模型意识:对数学模型普适性的初步感悟。
3. 几何直观:建立形与数的联系,构建数学问题的直观模型。
4. 推理意识:从一些事实出发,依据规则推出其他结论的能力。

🔍 **作业内容**

1. 将 15 根棒棒糖平均分给 3 个小朋友,每个小朋友可以分到几根? 请列算式计算。
2. 每组 5 颗糖,15 颗糖可以分成几组? 17 颗糖呢? 请列算式计算。
3. 请将下图中的爱心两个一圈,说一说:

　　图中一共有(　　　)个爱心。2 个一圈,我圈到了这样的(　　　)份,所以(　　　)里面有(　　　)个(　　　),也就是说(　　　)是 2 的(　　　)倍。

4. 请给下面12个○涂上两种颜色,使两种颜色○的数量之间存在倍数关系。请用画一画、写一写的方式把你的方法分享给大家吧!

5. 你能不动笔写出算式的结果吗?把你的思考过程分享给大家吧!

$$243 \times 25 = 6\,075$$
$$6\,075 \div 25 =$$
$$6\,075 \div 243 =$$

我是这样思考的:

🔍 **作业展示**

查看更多

🔍 **作业评价**

这份作业通过创设具体情境和视觉化的方式,将除法概念融入实际生活中,帮助学生更深入地理解其意义。例如,涂色问题引导学生给圆圈涂上两种颜色,要求两种颜色的数量存在倍数关系,这不仅要求学生将抽象概念与实际操作相结合,在趣味活动中主动寻找多种解决方案,还促进了学生推理意识的发展。此外,作业中也体现出对学生的思考和表达的关注,为学生提供了富有启发性和互动性的学习体验。

(四) 整数除法的算理(第二学段)

🔍 **作业目标**

1. 通过各类探究活动,加深对整数除法算法、算理的理解。
2. 能熟练口算表内除法。
3. 能计算两位数除两、三位数。

🔍 **核心素养**

1. 数感:对于数与数量、数量关系及运算结果的直观感悟。
2. 运算能力:根据法则和运算律进行正确运算的能力。
3. 推理意识:从一些事实出发,依据规则推出其他结论的能力。

作业内容

1. 除法"连连看"。请你用横式、竖式、小棒图展示 $57÷2$ 的计算过程。

2. 你能说出 $1500÷4$ 的计算过程吗？用喜欢的方式表示出来，看看你能想到多少种不同的表达方式。

3. 怎样让商出现 0？

(1) $4\boxed{}6÷4$ 要使商的中间有 0，$\boxed{}$ 里可以填几？

(2) $36\boxed{}÷3$ 要使商的末尾有 0，$\boxed{}$ 里可以填几？

你是怎样想的？有哪些可能？请分析说明。

4. 10 条巧克力可以装成 1 盒，10 盒又可以装成 1 箱，如果要将 5 箱、6 盒和 4 条巧克力平均分给 4 所学校，每个学校可以分到多少条巧克力？

作业展示

第 2 题

作业评价

　　这份作业通过除法"连连看"等活动,充分利用事物将课堂教学知识进行拓展与延伸,帮助学生直观、全面地理解除法的算法和算理,培养了学生的数感和推理意识,作业要求学生写写画画,有助于展现学生的思维过程。从高位算起是除法算法的认知难点,针对此,这份作业以渐进性的题目和多样性的内容,引导学生逐步理解除法的意义,帮助他们建立数学模型,提升动手操作和语言表达能力。这样的设计不仅能让学生在运用数学的过程中培养模型意识和几何直观,还能激发他们的创新思维,并加深对乘法与除法关系的理解。

（五）整数乘、除法的应用（第二学段）

作业目标

　　1. 能在真实情境中,发现常见数量关系,感悟利用常见数量关系解决问题。

　　2. 会用万、亿为单位表示大数。

　　3. 能借助计算器进行计算,并解释计算结果的实际意义。

核心素养

　　1. 数感:对于数与数量、数量关系及运算结果的直观感悟。

　　2. 符号意识:能够感悟符号的数学功能。

　　3. 模型意识:对数学模型普适性的初步感悟。

　　4. 几何直观:建立形与数的联系,构建数学问题的直观模型。

　　5. 应用意识:有意识地利用数学的概念、原理和方法解释现实世界中的现象与规律,解决现实世界中的问题。

　　6. 推理意识:从一些事实出发,依据规则推出其他结论的能力。

作业内容

　　1. 请根据图中的信息,列算式计算黄色部分的面积。

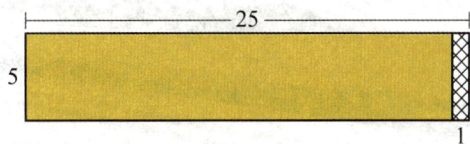

　　2. 一盒苹果有 12 个,每 8 盒装一箱,4 箱共有多少个苹果? 请分析下面三组列式是否正确。说明你的理由。

$12 \times 4 = 48$ $48 \times 8 = 384$	$8 \times 4 = 32$ $12 \times 32 = 384$	$12 \times 8 = 96$ $96 \times 4 = 384$

3. 星期天,小熙去超市买零食,得到了下面这个购物小票。请仔细观察并回答下列问题。

商品品名	数量	单价	小计
阿尔卑斯高级牛奶味棒棒糖10g			
6911316 40309	12	0.50	6.00
阿尔卑斯草莓香蕉双享棒16g			
6911316699157	8	1.00	8.00
阿尔卑斯草莓牛奶棒棒糖10g			
6911316600409	10	12.00	12.00

（1）请说说购物小票上包含了哪些信息。

（2）单价最低的是哪种物品?

（3）购买件数最少的是哪种物品?

（4）你知道购物小票上每种食品的价格是如何得出的吗? 请将你的发现用图画、表格、文字等形式表达出来。

4. 标准动车组"复兴号"是我国自主研发、具有完全知识产权的新一代高速列车。它的动力来源是电力,运营速度是 350 千米每小时,而普通动车设计时速一般在 200 千米。

（1）从上海到北京的实际行驶距离约为1318 千米,两种车型分别需要多久到达?

（2）在上海工作的菲菲将要去北京参加一个重要的会议,会议时间是 8 月 1 日的早上10 点。菲菲的下班时间是傍晚 5 点,她的工作地点距离高铁站大约有 1 个小时的车程。从北京高铁站到会议地点乘坐公共交通大约需要 45 分钟。请问她可以选择哪些车次? 请你帮她做一个时间规划(可以画图、做小报)。

上海 --> 北京 (7月31日 周一)

车次	出发站 到达站	出发时间 到达时间	历时
G24	上海虹桥 北京南	17:00 21:33	04:33 当日到达
G154	上海虹桥 北京南	17:11 22:49	05:38 当日到达
G156	上海虹桥 北京南	17:16 23:08	05:52 当日到达
G158	上海虹桥 北京南	17:20 23:14	05:54 当日到达
G160	上海虹桥 北京南	17:41 23:42	06:01 当日到达
G162	上海虹桥 北京南	17:46 23:51	06:05 当日到达
G28	上海虹桥 北京南	19:00 23:18	04:18 当日到达

上海 --> 北京 (8月1日 周二)

车次	出发站 到达站	出发时间 到达时间
G102	上海虹桥 北京南	06:37 12:38
G104	上海虹桥 北京南	07:13 13:12
G106	上海虹桥 北京南	07:22 13:22
G108	上海虹桥 北京南	07:27 13:36
G110	上海虹桥 北京南	07:38 13:32
G6	上海虹桥 北京南	08:00 12:24
G112	上海虹桥 北京南	08:05 14:07
G114	上海虹桥 北京南	08:15 14:12
G8	上海虹桥 北京南	09:00 13:27
G116	上海虹桥 北京南	09:26 15:22
G118	上海虹桥 北京南	09:43 15:47
G10	上海虹桥 北京南	10:00 14:26

5. 越野滑雪起源于北欧,被誉为"雪上马拉松",是世界运动史上最古老的运动项目之一。越野滑雪比赛路线分上坡、下坡、平地,各占全程的三分之一。A、B两名队员正在进行3000米的越野滑雪训练。A队员率先完成训练。B队员在滑行6分钟时,看到速度排名上,A队员的平均速度是300米/分,自己落后于A队员,平均速度是250米/分。请问:

(1) B队员此时已经完成的滑行距离是多少?

(2) A队员滑完全程用时多少?

(3) B队员想要自己的最终平均速度不落后于A队员,剩下的路程至少应该以什么速度滑行?

6. 经文化和旅游部数据中心测算,2023年"五一"假期国内旅游出游274 000 000人次,国内旅游收入148 056 000 000元。

(1) 请试着用"亿"为单位表示出游人次和国内旅游收入。

(2) 请用计算器计算人均消费多少元(保留小数点后两位)。

🔍 **作业展示**

第1题

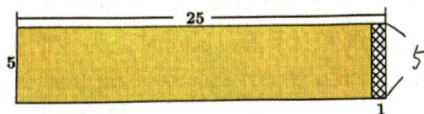

我是这样想的:

黄色部分的面积 = 整个图形的面积 - 阴影部分的面积

整个图形长为25,宽为5

阴影部分的长为1,宽为5

因此,黄色部分面积 = (25×5) - (1×5)

= 125 - 5

= 120

第4题

(1) 从上海到北京的实际行驶距离约为1318千米，两种车型分别需要多久到达？$1318÷350≈3.77$（小时）
$1318÷200=6.59$（小时）

答："复兴号"需要3.77小时，普通列车需要6.59小时。

(2) 在上海工作的菲菲将要去北京参加一个重要的会议，会议时间是8月1日的早上10点。菲菲的下班时间是傍晚5点，她的工作地点距离高铁站大约有1个小时的车程。从北京高铁站到会议地点乘坐公共交通大约需要45分钟。请问她可以选择哪些车次？请你帮她做一个时间规划（可以画图、做小报）。

查看更多

🔍 **作业评价**

这份作业注重数学和实际情景的结合，关注学生应用基本数学模型解决生活中实际问题的能力，有助于培养学生的逻辑思维和计算能力，同时也为他们提供了运用计算器解决实际问题的机会，促进数感、推理意识、应用意识等核心素养的发展。

第三节 分数的认识

分数（fraction）这个词来自拉丁语"fractus"，意思是"破损"。在小学数学中，分数一般采用以下定义：将一个单位的物体平均分，表示其中的一份或几份的数，叫作分数。表示把单位1分成多少份的数 p，叫作分母；表示取了多少份的数 q，叫作分子。分数写成 $\dfrac{分子}{分母}=$

$\dfrac{q}{p}$，读作 p 分之 q。这一定义强调了"平均分"，指将一个连续量的模型（如 1 根绳子）或离散量的模型（如 10 支铅笔）细分成很多个部分，每一个部分都要一样大或一样多。

分数可以借助直观模型（长度模型、面积模型、离散模型）进行表征，用以表示整体等分后部分与整体之间的比例关系。在教材中表现为通过等分一个整体的物体认识几分之一和几分之几，或者等分一个集合的物体认识子集所占比例。由此可见，"平均分"的对象不仅可以是一个物体，还可以是一群物体。在教学上，选择适当的单位"1"是理解分数部分-整体概念的关键。

除此之外，也可以从度量的概念来理解分数，即把分数从原有的分子分母的关系过渡到分数作为一个整体的数学对象，分数可以像整数一样，能够在数轴上找到唯一确定的点表示。度量的核心是度量单位的产生、发展以及累加过程，也就是数出度量单位的个数以及度量单位转换的过程（即：量＝度量单位×量数）。那么，分数的度量概念就不仅仅要强调分数也是数，是数轴上的一点，还要强调分数产生的过程是对度量单位（即分数单位）的计数或者迭代。分数度量概念是指每个分数都可以看成分数单位的累计或者迭代的结果，也可以说分数是由量与分数单位（度量单位）的倍比关系产生的，而分数单位是一个可以计数或者迭代的量。

分数单位同自然数的计数单位本质上是一致的，但因为分数单位随着单位"1"被等分的份数的变化而变化，不像自然数的计数单位（一、十、百、千、万等）或小数的计数单位（十分之一、百分之一等）那样固定，所以为了强调分数单位，必然从度量切入。

等价分数是指分数的分子和分母虽不相同，但是大小相等。等价分数的不同名称，在符号上形成的规则是通分或约分，也就是分子分母同时乘或除以一个自然数（≠0）并不会改变它的大小，这也是分数的基本性质。教师同样也可以通过长度模型、面积模型、离散模型这三种模型来帮助学生认识和埋解等价分数。

（一）分数的概念及意义（第二学段）

🔍 作业目标

1. 通过多种表征形式直观描述分数，进一步理解部分与整体的关系。
2. 能比较简单的分数的大小。

🔍 核心素养

1. 数感：对于数与数量、数量关系及运算结果的直观感悟。
2. 符号意识：能够感悟符号的数学功能。
3. 几何直观：建立形与数的联系，构建数学问题的直观模型。

🔍 作业内容

1. 探索 $\dfrac{1}{2}$。

$$\frac{1}{2}$$

（1）请试着用一条**直线**（可以不遵循网格线）分别在 8×8、7×7 大小的两张格子纸中找出 $\frac{1}{2}$。

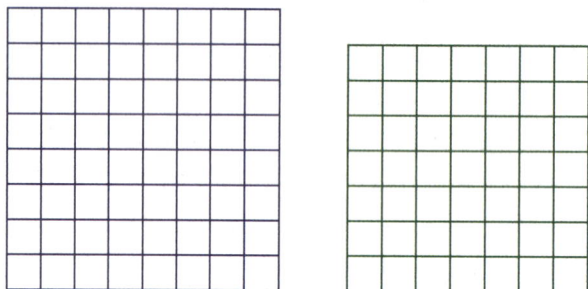

（2）请试着用一条**折线**（可以不遵循网格线）分别在 8×8、7×7 大小的两张格子纸中找出 $\frac{1}{2}$。

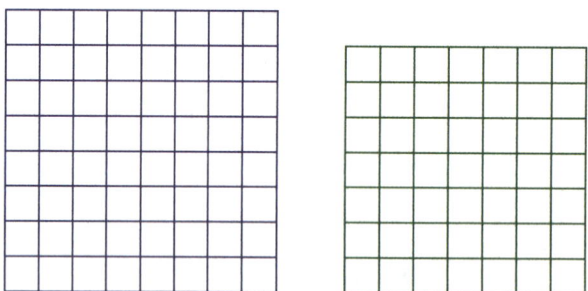

（3）请用涂色的方式分别在 8×8、7×7 大小的格子纸中找出 $\frac{1}{2}$。

（4）请试着在 1×1、2×2、3×3、4×4、5×5、6×6 等更多的表格中寻找 $\frac{1}{2}$。

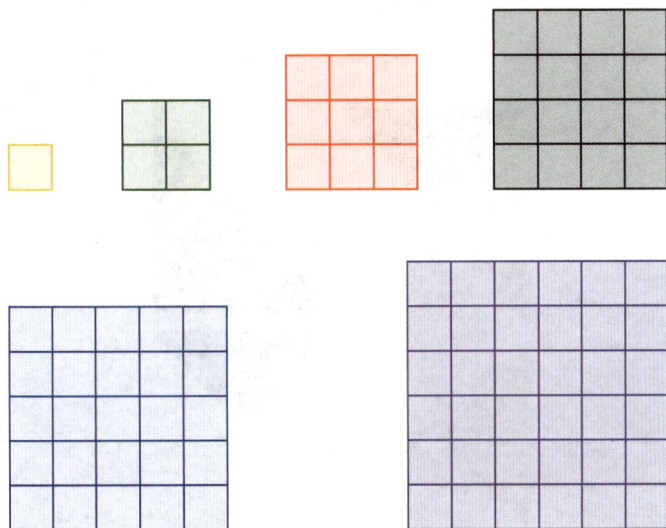

（5）你认为在哪些格子中更容易找出 $\frac{1}{2}$？为什么？

2. 请试着在半径为 4 的圆形纸片中找出 $\frac{1}{2}$。请尝试多种办法，并说一说为什么它是 $\frac{1}{2}$。

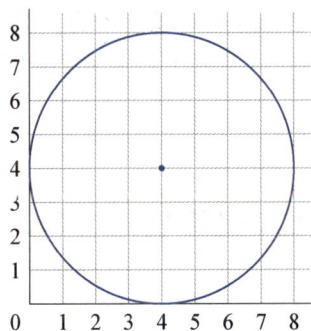

3. 你能在七巧板中找到 $\frac{1}{2}$ 吗？能找到 $\frac{1}{4}$ 吗？请摆一摆，试一试。

🔍 **作业展示**

第3题

查看更多

🔍 **作业评价**

　　这份作业通过在图形中寻找二分之一和四分之一的活动,帮助学生建立形与数之间的联系,渗透了几何直观和数形结合思想。通过动手操作和使用七巧板等辅助工具,学生增强了通过图形的组合与分解建立的分数数量关系的理解。作业整体注重实践性和启发性,激发了学生的创新性思维和解决问题的动力。同时,通过层层递进的设问和挑战性问题,引导学生探索多种解决方案,培养发散性思维,促进逻辑思维和解决问题能力的发展。

（二）分数的基本性质（第二学段）

🔍 **作业目标**

　　1. 能用多种形式表征等价分数。

　　2. 在探究活动中体会分数的基本性质。

🔍 **核心素养**

　　1. 数感:对于数与数量、数量关系及运算结果的直观感悟。

　　2. 推理意识:从一些事实出发,依据规则推出其他结论的能力。

　　3. 几何直观:建立形与数的联系,构建数学问题的直观模型。

🔍 **作业内容**

　　1. 请借助数轴解释 $\dfrac{4}{3} = \dfrac{20}{15}$ 。

$\dfrac{4}{3}$ 表示 4 份 $\dfrac{1}{3}$,在数轴上,考虑 $\dfrac{1}{3}$ 的所有倍数,任意两个连续的倍数之间的线段长度都是 $\dfrac{1}{3}$ 。这些线段就是数轴下面每两个竖直箭头之间的线段:

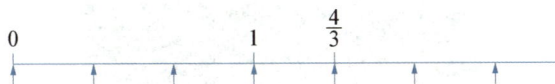

现在将每个长度为 $\frac{1}{3}$ 的线段平均分为 5 个相等的部分,分完后的每个小线段都是(　　):

从图中可以看出,$\frac{4}{3}$ 在线段图上的位置与 $\frac{20}{15}$ 所在的位置(　　),所以 $\frac{4}{3}=\frac{20}{15}$。

2. 请借助面积图形解释 $\frac{5}{6}=\frac{15}{18}$。

令单位"1"表示整个大矩形的面积,平均分为 6 个小矩形,则阴影部分面积占(　　);根据 $15=3\times5$,$18=3\times6$,把每个小矩形水平地分为面积相等的三部分,现在阴影部分面积占整个大矩形面积的(　　)。

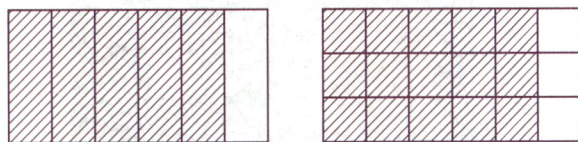

3. 一筐苹果有 16 个,请借助下图解释 $\frac{3}{4}=\frac{6}{8}$。

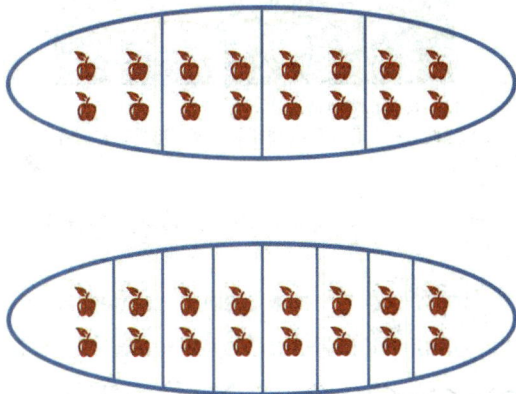

由上图可知,16 个苹果的 $\frac{3}{4}$ 是(　　)个苹果;16 个苹果的 $\frac{6}{8}$ 也是(　　)个苹果。即 16 的 $\frac{3}{4}$ 和 $\frac{6}{8}$ 都是(　　),所以 $\frac{3}{4}=\frac{6}{8}$。

4. 仔细观察下面这幅图,紫色和绿色各占图形的几分之几?

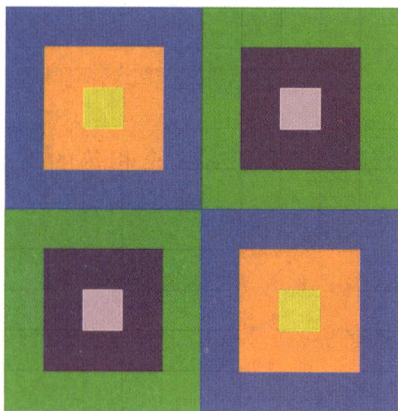

（1）说一说你是怎样得出结论的。

（2）除此之外，你还能找到其他相等图形吗？它们各占图形的几分之几？

作业展示

第4题

（1）说一说你是怎样得出结论的。

（2）除此之外，你还能找到其他相等图形吗？它们各占图形的几分之几？

(1) 通过数一数我发现：

一共有100格，橙色部分占16格，所以橙色部分是这个图形的 $\frac{16}{100}$；绿色部分有32格，所以绿色部分是这个图形的 $\frac{32}{100}$。

(2) 通过数一数我发现：

橙色部分也占16格，与紫色部分的格数相同，所以橙色部分与紫色部分是相等图形，它们各占图形的 $\frac{16}{100}$。

黄色部分与粉色部分都是2格，所以黄色部分与粉色部分是相等图形，它们各占图形的 $\frac{2}{100}$。

查看更多

作业评价

这份作业借助数轴、几何图形等多种方式，引导学生经历数一数、画一画、比一比的过程，从多方面理解等价分数，有效建立形与数的联系，并构建数学问题的直观模型。等价类分数的重要意义是在任意分数构成的分数等价类中，最简分数是这个分数等价类中的代表。

但是,最简分数作为代表有时候并不方便使用,这时需要在等价类中找出适当分数表示才能参与运算。分数等价类中的每一个表示都有各自的用处和特定的价值。教师要让学生在探究活动中体会到这一层意义。

(三)分数的加减法及其应用(第二学段)

🔍 作业目标

1. 通过不同形式的表征,理解分数的加减法含义。
2. 会运用分数的加减法解决简单的生活问题。

🔍 核心素养

1. 数感:对于数与数量、数量关系及运算结果的直观感悟。
2. 运算能力:根据法则和运算律进行正确运算的能力。
3. 推理意识:从一些事实出发,依据规则推出其他结论的能力。
4. 几何直观:建立形与数的联系,构建数学问题的直观模型;利用图表分析实际情境与数学问题,探索解决问题的思路。

🔍 作业内容

1. 请借助线段或图形计算下面算式:

(1) $\dfrac{3}{8} + \dfrac{5}{8} = ?$

(2) $\dfrac{3}{4} - \dfrac{1}{2} = ?$

2. 下图是一个大正方形,沿对角线、中心和一边中点分别作出三个三角形。假设大正方形的面积为1,请回答:

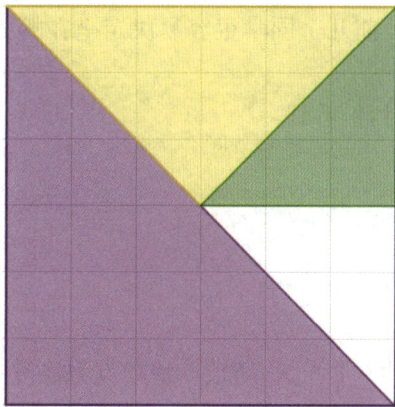

(1) 紫色、黄色、绿色三角形分别占大正方形的几分之几?

(2) 请根据图形示意列算式求白色三角形的大小。

（3）请在上图上画一画并计算 $\frac{1}{2}+\frac{1}{4}+\frac{1}{8}+\frac{1}{16}+\frac{1}{32}=$ ？ 你能想到几种算法？说一说你发现了什么秘密。

3. 请试着在下面的格子纸中（单位为1）画出周长为16的长方形（可以不沿格子边线）。看看你能画出多少种？

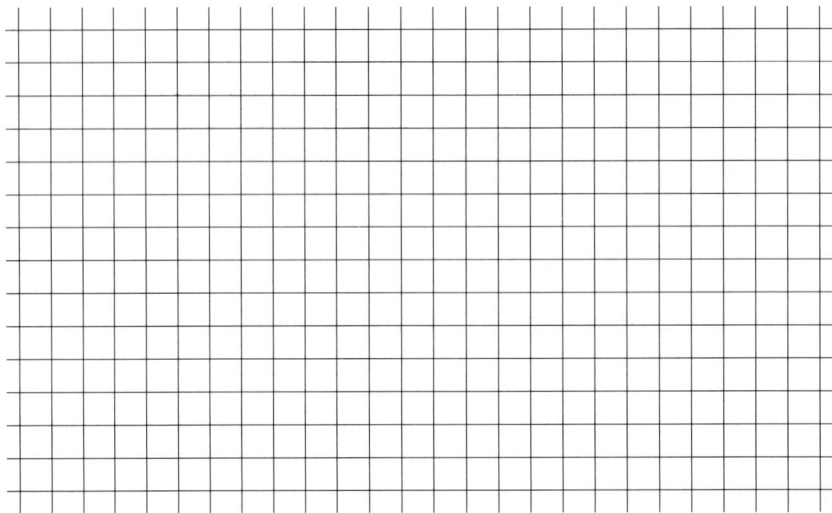

4. 教室里有三张桌子，每张桌子都有足够的空间放椅子。第一张桌子上有一块大巧克力排；第二张桌子上有两块大巧克力排；第三张桌子上有三块大巧克力排。

现在，教室外面有一个班级的学生，他们将分别落座在三张桌子旁，而老师将会把桌子上的巧克力排平均分配给该桌旁的每个同学。同学们排好队一个一个进去，前面的人坐下后下一个才能进去。

当一个同学进入房间时，他们会问自己这个问题："我要选择哪张桌子？"

巧克力只有在所有同学都进入教室并落座之后才会开始分配，因此每位同学进入教室时都必须问自己同样的问题。前几个同学很容易决定坐在哪张桌子旁边，但问题会变得越来越难，例如：

当第9个同学进入房间时，他看到：

第一张桌子上有2个人。

第二张桌子上有3个人。

第三张桌子上有3个人。

因此，第9个同学可能会想：

"如果我坐在：

"第一张桌子上，那么总共有3个人，所以一块巧克力将被三个人平均分配，我将得到三分之一块。

"第二张桌子上，那么总共有4个人，所以两块巧克力将被四个人平均分配，我将得到半块。

"第三张桌子上，那么总共有4个人，所以三块巧克力将被四个人平均分配，我将得到四分之三块。

"四分之三是最大的份额，所以我会坐在第三张桌子旁边。"

请问：如果你是第 10 位同学，会如何思考这个问题？请你说一说。

🔍 **作业展示**

第 2 题

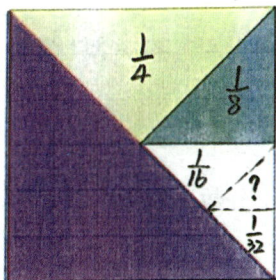

（1）紫色、黄色、绿色三角形分别占大正方形的几分之几？

大正方形一共有36格。

紫色有18格，占大正方形的 $\frac{1}{2}$。

黄色有9格，占大正方形的 $\frac{1}{4}$。

绿色有4格半，占大正方形的 $\frac{1}{8}$。

（2）请根据图形示意列算式求白色三角形的大小。

① 白色三角形和绿色三角形一样大，所以大小为 $\frac{1}{8}$。

② $1-\frac{1}{2}-\frac{1}{4}-\frac{1}{8}$

$=1-\frac{4}{8}-\frac{2}{8}-\frac{1}{8}$

$=\frac{1}{8}$

（3）请在上图上画一画并计算 $\frac{1}{2}+\frac{1}{4}+\frac{1}{8}+\frac{1}{16}+\frac{1}{32}=$ ？你能

想到几种算法？说一说你发现了什么秘密。

大正方形面积为1，" $\frac{1}{2}+\frac{1}{4}+\frac{1}{8}+\frac{1}{16}+\frac{1}{32}$ "这些部分相加，

还剩1个 $\frac{1}{32}$ ，所以知道" $\frac{1}{2}+\frac{1}{4}+\frac{1}{8}+\frac{1}{16}+\frac{1}{32}$ "= $\frac{31}{32}$ 。

我发现： $\frac{1}{2}、\frac{1}{4}、\frac{1}{8}、\frac{1}{16}、\frac{1}{32}$ 这些分数对应的图形

都在依次减半进行分割。

查看更多

🔍 **作业评价**

这份作业让学生借助线段或图形进行分数加减法计算，进而理解分数加减法的含义。这种可视化方法能够帮助他们建立对分数运算的直观感悟，构建数学问题的几何直观模型。第 2 题让学生通过分析图形，计算不同颜色三角形的面积占比，发展几何直观和推理能力。

特别是计算白色三角形的大小,需要巧妙地运用分数运算法则,培养了学生解决复杂问题的能力。第3题画出相同周长的长方形,锻炼了学生建构几何图形的能力,并让他们进一步理解周长的概念。第4题巧克力分享问题,引导学生思考分数的应用,涉及公平分配和决策。学生需要权衡不同选择,考虑每张桌子上的人数和巧克力数量,这有助于培养他们的推理和决策能力。

（四）分数和除法的关系（第二学段）

🔍 作业目标

1. 理解两个整数相除的商可以用分数来表示。
2. 掌握分数与除法的关系。

🔍 核心素养

1. 数感:对于数与数量、数量关系及运算结果的直观感悟。
2. 运算能力:根据法则和运算律进行正确运算的能力。
3. 推理意识:从一些事实出发,依据规则推出其他结论的能力。
4. 几何直观:建立形与数的联系,构建数学问题的直观模型;利用图表分析实际情境与数学问题,探索解决问题的思路。

🔍 作业内容

1. 请用画图的方式表示 $3 \div 4$ 的结果。

2. 请说一说:为什么 $8 \div 2$ 可以写成 $\dfrac{8}{2}$?

3. 取一张正方形或长方形纸,如下图所示。

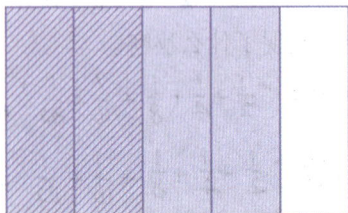

（1）将其中的 $\dfrac{4}{5}$ 平均分成两份,每份是这张纸的几分之几呢? 说说你的思考过程。

（2）如果平均分成三份呢? 每份是这张纸的几分之几? 动手折一折,算一算。想想在整数除法和小数除法中,遇到不够除的情况时,你是怎样解决的。

4. 小熙和爸爸去操场散步。小熙走一圈需要 10 分钟,爸爸走一圈需要 8 分钟。

（1）如果两人同时同地出发,相背而行,多少分钟后相遇?

（2）如果两人同时同地出发,同方向而行,多少分钟后爸爸超出小熙一圈?

作业展示

第1题

作业评价

　　通过分数与除法关系的练习,学生将进一步认识到分数可以表示具体数量和结果。学生通过探究、推理,构建分数与除法的内在联系,进一步体会到两个数相除不能整除时,其运算结果就是分数。画图类的作业能帮助学生将思考过程显性化,促进其对算理的理解,更好地理解分数的意义。另外,作业中适当增加说理类型的问题,可以帮助学生形成更严谨的逻辑思维能力和推理意识。

第四节　小数的加减法

　　小数的历史源远流长,早在3世纪,我国数学家刘徽在《九章算术注》中提出了微数,开启了十进小数的先河。15世纪,阿尔·卡西通过将整数与小数以空位隔开的方式表示一个数的整数部分与小数部分。1617年苏格兰数学家纳皮尔使用小数点的符号,这种方式被沿用至今。分数和小数的产生都是由于在实际的生产生活的测量过程中,出现了比单位1更小的量。小数的意义在数概念建立的过程中至关重要。从自然数到分数再到小数,数系的每一次扩充都是学生认识的一次飞跃。对于小数的意义,需要理解以下几个方面:

(1) 引进小数是为了表示小于"单位1"的量。

(2) 除了0以外,最小的自然数为1,所以自然数不能表示小于1的量。

(3) 一个数的小数部分是小于1的数。

(4) 小数使用了十进制位值制的记数法,满十进一。

理解小数的核心在于重新理解十进制。小数符合整数的十进制计数原则,即满十进一。在学习整数时,学生知道个位满十向十位进一,十位满十向百位进一。学习小数就是反过来,把百位的计算单位平均分成十份,其中一份就是十位的计数单位;把十位的计算单位分成十份,其中一份就是个位的计数单位。同样的原则,将个位的计数单位"1"平均分成十份,每份就是"1"的十分之一,我们将其称为十分位,以此类推,无论多小的数都能表示出来。

（一）小数的认识（第二学段）

作业目标

1. 能直观描述小数。

2. 能借助生活情境认识小数。

核心素养

1. 数感:对于数与数量、数量关系及运算结果的直观感悟。

2. 模型意识:对数学模型普适性的初步感悟。

3. 推理意识:从一些事实出发,依据规则推出其他结论的能力。

4. 几何直观:建立形与数的联系,构建数学问题的直观模型;利用图表分析实际情境与数学问题,探索解决问题的思路。

作业内容

1. 下图是一条数射线。如果把0到1的格子平均分成10份,从左往右数1格、2格、3格……得到小数0.1、0.2、0.3、…。

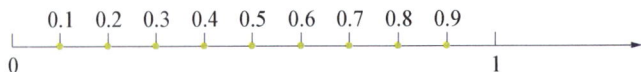

(1) 从左往右数,每个格子对应的分数是:(　　)、(　　)、(　　)、(　　)、(　　)、(　　)、(　　)、(　　)、(　　)。

(2) 如果把 0 到 0.1 的格子平均分成 10 份,从左往右数 1 格、2 格、3 格……

得到小数:(　　　)、(　　　)、(　　　)……

得到分数:(　　　)、(　　　)、(　　　)……

0 ————————————————— 0.1

(3) 如果把 0 到 0.01 的格子继续平均分成 10 份,从左往右数 1 格、2 格、3 格……

得到小数:(　　　)、(　　　)、(　　　)……

得到分数:(　　　)、(　　　)、(　　　)……

0 ————————————————— 0.01

2. 如果下图的长方形表示 1。

(1) 你能在图上分别画出 0.1 和 0.05 吗?

(2) 请试着自己画一些其他的图形,表示 0.1 和 1.5。

3. 通过对小数的学习,我们知道小数也是十进制数,读一读图中的小数。

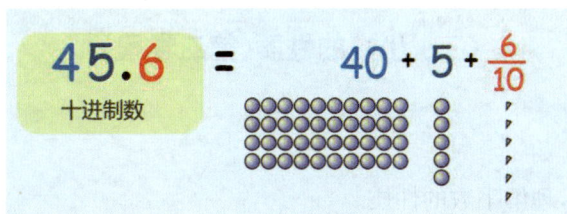

$$45.6 = 40 + 5 + \frac{6}{10}$$

十进制数

说一说:45.6 中有(　　　)个十、(　　　)个一和(　　　)个十分之一。

4. 称一称身边小物件的重量,如铅笔、文具盒、水杯、钥匙等,记录在下表中。

序号	物品名称	重量(单位:千克)
1		
2		
3		
……		

5. 请用尺子测量 A4、A3、B5 纸的尺寸,试着用表格的形式录下来。

🔍 作业展示

第4题

序号	物品名称	重量（单位：千克）
1	橡皮	0.01千克
2	直尺	0.02千克
3	数学书	0.3千克
......		

查看更多

🔍 作业评价

对于学生来说,处理小于1的数比处理大于1的数更难。这有几个原因,其中之一是大于1的数是学生日常生活中自然和反复出现的,而小于1的数很少被使用。这份作业通过数射线、方格纸等展现了小数的多种表达,让学生感悟到小数的真正意义是细分单位,并且明白小数点左边的关系适用于小数点右边的关系。

（二）小数的性质（第二学段）

🔍 作业目标

1. 借助生活情境,理解小数的性质。

2. 在探究活动中体会小数的末尾添上 0 或去掉 0,小数的大小不变。

🔍 核心素养

1. 数感:对于数与数量、数量关系及运算结果的直观感悟。

2. 几何直观:运用图表描述和分析问题的意识与习惯;建立形与数的联系,构建数学问题的直观模型。

3. 推理意识:从一些事实出发,依据规则推出其他结论的能力。

🔍 作业内容

1. 在生活中,我们常常见到小数,如商品的价格标签、食品包装上的营养成分表等。

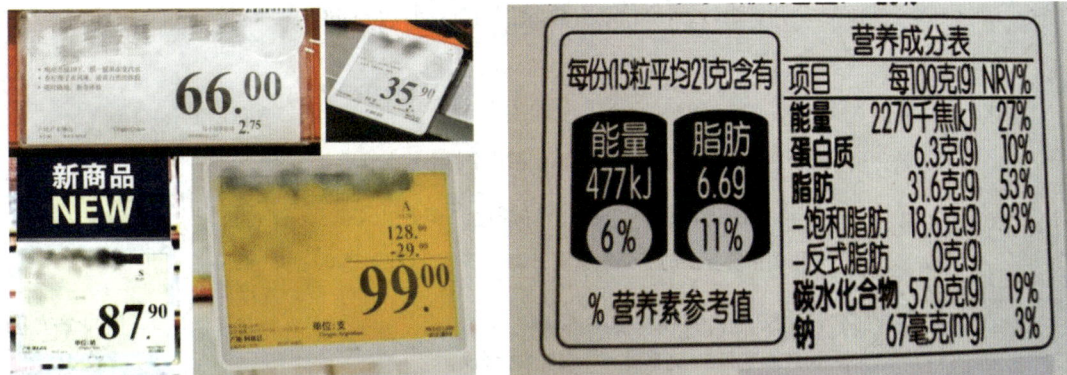

（1）请你读一读上图中的小数。说一说这两张图片中的小数在表示上有哪些异同。

（2）读一读第一张图中价签上的￥66.00、￥99.00、￥87.90和￥35.00，说说你发现了什么。

（3）第二张图中57.0克和57克重量一样吗？为什么？

2. 把一个正方形平均分成10份，阴影部分占了2份，我们可以用0.2表示阴影部分。

（1）把一个正方形平均分成100份，阴影部分占了20份，我们可以用0.20表示阴影部分。

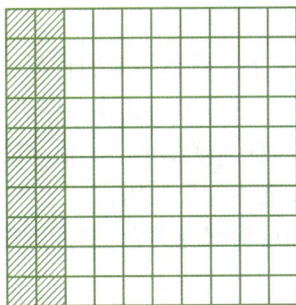

从图中可以看到两个阴影部分大小（　　　）（填："相同"或"不同"），说明（　　　）＝（　　　）。

（2）说一说小数点移动的规律：

小数乘10，小数点向（　　）移动一位；小数乘100，小数点向（　　）移动（　　）位；小数除以 10,小数点向( )移动( )位;小数除以 100,小数点向( )移动( )位。

作业展示

第1题

(1) 请你读一读上图中的小数。说一说这两张图片中的小数在表示上有哪些异同。

我发现不同之处是左图中的小数都是两位小数而右图中的小数是一位小数。相同处是它们都是小数。

(2) 读一读第一张图中价签上的 ¥66.00、¥99.00、¥87.90 和 35.00,说一说你发现了什么。

我发现小数末的0不用读。

(3) 第二张图中 57.0 克和 57 克重量一样吗?为什么?

一样。因为57.0和57这两个数大小是一样的。所以57.0克和57克重量是一样的。

查看更多

作业评价

　　小数的意义和性质与整数的是一致的,两者核心概念都是计数单位、十进制和位值。在整数的意义中,我们知道从个位到十位、百位、千位,以及无限延伸的位值关系,而在小数的意义中,我们将"1"分为十份、百份、千份等,从而建立起小数部分的数值。将这个观念的转变潜移默化地贯穿在作业中,充分利用学生已有的生活经验,并用实际生活中观察到的现象解释 57.0 克和 57 克两种重量的表达是否有所不同,更加贴近学生的认知规律,让他们在轻松愉快的氛围中扎实地掌握小数的性质。

(三) 小数的运算及其应用(第二学段)

作业目标

1. 能进行简单的小数四则运算和混合运算。

2. 能解决生活中的简单问题。

核心素养

1. 数感:对于数与数量、数量关系及运算结果的直观感悟。

2. 运算能力:根据法则和运算律进行正确运算的能力。

3. 推理意识:从一些事实出发,依据规则推出其他结论的能力。

4. 模型意识:对数学模型普适性的初步感悟。

5. 几何直观:运用图表描述和分析问题的意识与习惯;建立形与数的联系,构建数学问题的直观模型。

作业内容

1. 小数的加减法。

(1) 递等式计算(用简便方法计算):

$5.41 + 3.46 - 2.46 + 2.03 - 0.18 - 2.82 + 7.97$

(2) 测量水池蓄水的深度。把 5 米长的竹竿直插入水中,入泥部分是 0.65 米,露出水面部分是 2.25 米，水池蓄水深度是多少？

2. 小数的乘除法。

（1）观察下面四幅图，分别列出（综合）算式：

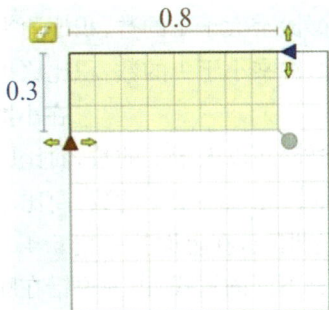

算式：_____　　　　算式：_____

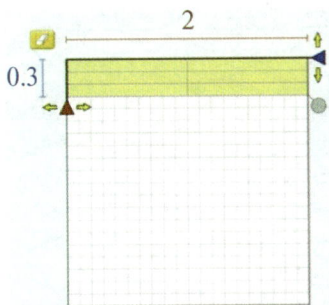　　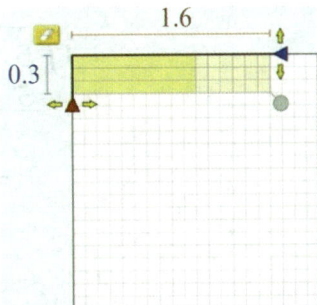

算式．_____　　　　算式：_____

（2）根据下面这幅图，列出综合算式：

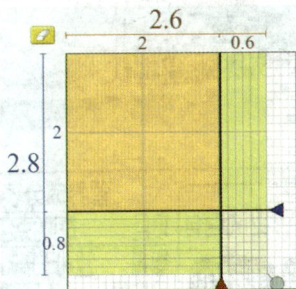

算式：_____

（3）列竖式计算 $2.8 \times 2.6 =$ ？

（4）在下面的○里填上"＞""＜"或"＝"。

6.78×0.2 ○ 6.78　　　　　　1.56×0.6 ○ 0.6

45×0.52 ○ 4.5×5.2　　　　　3.4×9.8 ○ 8.9×3.4

$0.19 \div 0.11 \bigcirc 0.19$ $13.2 \div 2.4 \bigcirc 13.2 \div 1.2$

$9.3 \div 2.5 \bigcirc 9.3 \times 2.5$

(5) 说一说小数乘除法中的规律,请在括号内填入"大"或"小"。

在小数乘法中:

一个数(0 除外)乘大于 1 的数,积比原来的数( )；

一个数(0 除外)乘小于 1 的数,积比原来的数( )。

在小数除法中:

一个数(0 除外)除以大于 1 的数,商比原来的数( )；

一个数(0 除外)除以小于 1 的数,商比原来的数( )。

(6) 画一条数射线,在上面找一找 6.4 cm 里面有多少个 0.4 cm,列出除法算式。

(7) 仔细观察下面的算式,说一说错在哪里。

$$5.78 \div 1.7 = 34$$

$$
\begin{array}{r}
34 \\
1.7\,\overline{)\,5.78} \\
5\ 1 \\
\hline
6\ 8 \\
6\ 8 \\
\hline
0
\end{array}
$$

3. 在生活中,我们常常见到小数,如商品的价格标签、食品包装上的营养成分表等。

营养成分表		
项目	每100克(g)	NRV%
能量	2270千焦(kJ)	27%
蛋白质	6.3克(g)	10%
脂肪	31.6克(g)	53%
—饱和脂肪	18.6克(g)	93%
—反式脂肪	0克(g)	
碳水化合物	57.0克(g)	19%
钠	67毫克(mg)	3%

每份(15粒平均21克含有

能量	脂肪
477kJ	6.6g
6%	11%

% 营养素参考值

（1）图1中，散冰糖的售价是4.49元/斤，请问购买1.5斤需要多少钱？

（2）图2中，100克巧克力豆中含有脂肪31.6克，每粒巧克力重约21克，请问每粒巧克力中含有多少脂肪？（结果精确到小数点后两位）

🔍 **作业展示**

第2题

（1）观察下面四幅图，分别列出（综合）算式：

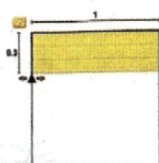

算式：$1 \times 0.3 = 0.3$

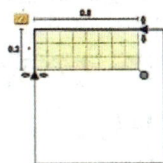

算式：$0.8 \times 0.3 = 0.24$

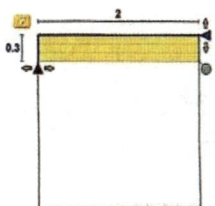

算式：$1 \times 0.3 + 1 \times 0.3 = 0.6$

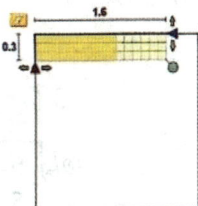

算式：$1 \times 0.3 + 0.6 \times 0.3 = 0.48$
　　　　0.3　　0.18

（2）根据下面这幅图，列出综合算式：

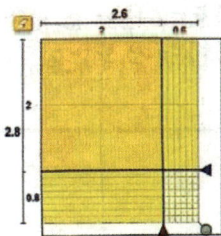

算式：$2 \times 2 + 0.8 \times 2 + 0.6 \times 2 + 0.8 \times 0.6 = 7.28$
　　　4　　1.6　　1.2　　0.48

（3）列竖式计算 $2.8 \times 2.6 = 7.28$

$$
\begin{array}{r}
2.8 \\
\times\ 2.6 \\
\hline
16\ 8 \\
56\ \\
\hline
7.2\ 8
\end{array}
$$

（4）在下面的○里填上">""<"或"="。

$6.78 \times 0.2 ⊘ 6.78$ <1	$1.56 \times 0.6 ⊘ 0.6$ >1
$45 \times 0.52 ⊘ 4.5 \times 5.2$	$3.4 \times 9.8 ⊘ 8.9 \times 3.4$
$0.19 \div 0.11 ⊘ 0.19$ <1	$13.2 \div 2.4 ⊘ 13.2 \div 1.2$
$9.3 \div 2.5 ⊘ 9.3 \times 2.5$	小　　　大

(5)说一说小数乘除法中的规律，请在括号内填入"大"或"小"。

在小数乘法中：
一个数（0除外）乘大于1的数，积比原来的数（大）。
一个数（0除外）乘小于1的数，积比原来的数（小）。

在小数除法中：
一个数（0除外）除以大于1的数，商比原来的数（小）；
一个数（0除外）除以小于1的数，商比原来的数（大）。

(6)画一条数射线，在上面找一找6.4cm里面有多少个0.4cm，列出除法算式。

$6.4 \div 0.4 = 16$

答：6.4cm里面有16个0.4cm。

(7)仔细观察下面的算式，说一说错在哪里。

$$5.78 \div 1.7 = 3.4$$

错误分析：除数的小数点向右移动一位，被除数的小数点没有向右移动一位，导致商漏了小数点。

查看更多

🔍 **作业评价**

这份作业的目标是让学生感悟数与运算的一致性，加法和乘法是把单位不断累加，减法和除法是把单位细化，最终都体现为单位的运动。学习活动中利用方格纸进行小数的除法计算，很好地培养了学生的几何直观能力，渗透了数形结合思想。此外，多数学生在三年级以前已经在生活中接触了小数，如了解元、角、分的含义，以及购物经验。这为他们将数学知识应用于生活中的实际问题提供了坚实的基础，而数学与实际生活情境相结合，增强了数学的实用性，使学习变得更加生动和有趣。

第五节　比和比例

比是两个非零数量 y 与 x 之间的比较关系，记为 $y : x$（$x, y \in \mathbf{R}, x \neq 0$），在计算时则

常写作 $y:x$ 或 $\dfrac{y}{x}$。比和比例的概念在古希腊时期就已经出现了。公元前 6 世纪,毕达哥拉斯学派研究过正五边形和正十边形的作图,因此现代数学家们推断当时毕达哥拉斯学派已经触及甚至掌握了黄金分割。公元前 4 世纪,古希腊数学家欧多克索斯第一个系统研究了这一问题,并建立起比例理论。在古希腊数学中,比例是用来表示倍数关系的,因此必须是相同种类的数量才能构成比例,例如,欧几里得在《几何原本》中将比例定义为"两个同类数量之间的大小关系"。而现代数学对于比例的用法并没有严格限制,例如,在一个班级里面,我们可以说,男孩与女孩的比例是 2 比 1。在《义务教育数学课程标准(2022 年版)》中,比和比例也被归入了数与代数的数量关系板块。在小学阶段,比较两个量的数量关系有两种不同的视角,一种是加法的视角(差多少的关系),一种是乘法的视角(差几倍的关系)。

作业目标

1. 能在具体情境中判断两个量的比,会计算比值。
2. 理解比值相同的量,能解决按比例分配的简单问题。
3. 理解比和比例以及按比例分配的含义,能解决简单的问题。
4. 能在具体情境中描述成正比的量 $\dfrac{y}{x}=k(k\neq0)$,能找出生活中成正比的量的实例。能根据其中一个量的值计算另一个量的值。

核心素养

1. 数感:对于数与数量、数量关系及运算结果的直观感悟。
2. 符号意识:能够感悟符号的数学功能。
3. 推理意识:知道可以从一些事实出发,依据规则推出其他结论。
4. 几何直观:解决较复杂的真实问题,提高问题解决能力。
5. 应用意识:有意识地利用数学的概念、原理和方法解释现实世界中的现象与规律,解决现实世界中的问题。

作业内容

1. 烘焙 6 个蛋糕需要 15 个鸡蛋,请问:

(1) 使用相同的配方,烘焙 2 个蛋糕需要几个鸡蛋?
(2) 使用相同的配方,烘焙 8 个蛋糕需要几个鸡蛋?
2. 将 35 颗糖果以 3：4 的比例分给小熙和菲菲 2 个人,请问:
(1) 小熙和菲菲各分到糖果总数的几分之几?
(2) 小熙分到几颗糖果?
3. 下面是一个凉拌汁的配方。

橄榄油	60 mL
醋	30 mL
酱油	10 mL

(1) 请问一份凉拌汁中橄榄油、醋和酱油的配比是多少?

(2) 如果按照同样的配比调制 150 mL 凉拌汁,需要多少橄榄油? 请呈现你的计算过程。

4. 小熙正在准备一次夏季野餐,她计划购买一些果汁来招待朋友们。她在两家商店看到了不同品牌的果汁,并想要找出哪家商店提供更优惠的价格。以下是她收集的信息:

商店 A
价格:每瓶 500 毫升的果汁售价为 2.5 元。
特价优惠:购买 4 瓶送 1 瓶。

商店 B
价格:每瓶 750 毫升的果汁售价为 4 元。
特价优惠:购买 3 瓶送 1 瓶。

小熙计划购买 12 瓶果汁,请回答以下问题:

(1) 在特价优惠的情况下,小熙分别需要在商店 A 和商店 B 支付几瓶果汁的钱?

(2) 通常在商店 A 购买果汁,需要支付多少钱? 在特价优惠的情况下又会支付多少钱?

(3) 通常在商店 B 购买果汁,需要支付多少钱? 在特价优惠的情况下又会支付多少钱?

(4) 结合现有的价格和特价优惠,你会建议小熙选择在哪家商店购买果汁?

5. 美美电器城的三款音乐播放器正在热销。下图是产品名称和价格。

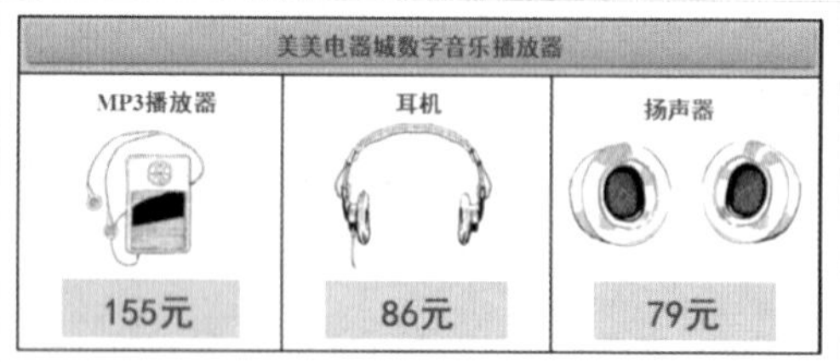

美美电器城数字音乐播放器

MP3 播放器 155元 / 耳机 86元 / 扬声器 79元

(1) 电器城暑期优惠:购买两件及以上产品即可以享受原价 20% 的优惠。小熙现在有 200 元钱,在优惠期间,她能同时购买哪些产品? (请在空格中填入"是"或"否")

产品	小熙用 200 元可以买到吗?
MP3 播放器和耳机	
MP3 播放器和扬声器	
MP3 播放器、耳机和扬声器	

(2) 音乐播放器产品的正常零售价中包括 37.5% 的利润,而剔除这个利润的价格就是批发价。请写出批发价(W)和零售价(S)之间的关系。

🔍 **作业展示**

第5题

（1）电器城暑期优惠：购买两件及以上产品即可以享受原价20%的优惠。小熙现在有200元钱，在优惠期间，她能同时购买哪些产品？（请在空格中填入：是/否）

产品	小熙用200元可以买到吗？
1. MP3播放器和耳机	是
2. MP3播放器和扬声器	是
3. MP3播放器、耳机和扬声器	否

1. $(155+86)\times(1-20\%)$
  $=241\times80\%$
  $=192.8$（元）
  $200>192.8$

2. $(155+79)\times(1-20\%)$
  $=234\times80\%$
  $=187.2$（元）
  $200>187.2$

3. $(155+86+79)\times(1-20\%)$
  $=320\times80\%$
  $=256$（元）
  $200<256$

（2）音乐播放器产品的正常零售价中包括37.5%的利润，而剔除这个利润的价格就是批发价。请写出批发价（W）和零售价（S）之间的关系。

零售价$\times(1-37.5\%)=$批发价

查看更多

🔍 **作业评价**

新课标要求学生能通过具体情境，认识成正比的量，能探索规律或变化趋势。这份作业通过从生活原型中找到"比"的情境，拉近了数学与生活的距离，潜移默化中让学生体会到"比"就在我们身边，数学与生活是紧密相连的，进而培养学生用数学眼光来观察现实世界的意识。比和比例问题的解决策略主要有5种：①单位策略，即把相关量中的一个量看作"单位一"，再求已知量对应的总数。②加法策略，是具有加法推理能力的年幼儿童具有的能力，他们更多地关注数值之间的数量差异。③乘法策略，即将复杂比化成最简整数比（一个可以迭代的比的单位），并以此为基础利用比例推理、反复计算。④从整体确定部分，如将35件物品以3∶4的比例分给2个人，每个人可以拿到几件物品。⑤比例公式，即使用规范的比例式 $\frac{a}{b}=\frac{c}{d}(a,b,c,d\neq0)$ 解决问题。这份单元作业设计中展示了乘法策略和以整体确定部分的具体应用。此外，在解题过程中，学生会进一步感受到比的基本性质，即在求解比和比例问题的过程中，减少或扩大分数（比）是常见的。

第六节　用字母表示数

通过对《义务教育数学课程标准（2022年版）》的分析可知，小学阶段数量关系的学习主要体现在三个方面：常见的数量关系、数量关系的一般化以及相等关系。其中，数量关系的一般化是小学阶段中学生初次接触"代数"，学习简易方程的过程之一。用字母或符号表示数量是学生理解的难点。《义务教育数学课程标准（2022年版）》对于第一、二、三学段提出的数量关系学习要求,包括对第一学段学生提出的要探索用简单符号或数表达简单情境中的数量关系,以及对第二、三学段的学生提出的在具体情境中,探索用字母表示事物的关系、性质和规律的方法,感悟用字母表示的一般性,这些都离不开数量关系的一般化。

🔍 **作业目标**

1. 能在具体情境中,用字母或含有字母的式子表示数量之间的关系、性质和规律。
2. 在解决问题的过程中感悟用字母表示具有一般性。

🔍 **核心素养**

1. 数感:对于数与数量、数量关系及运算结果的直观感悟。
2. 推理意识:从一些事实出发,依据规则推出其他结论的能力。
3. 模型意识:知道数学模型可以用来解决问题,是数学应用的基本途径。
4. 几何直观:建立形与数的联系,构建数学问题的直观模型。

🔍 **作业内容**

一只蚂蚁找到一个装有 1 片面包屑的容器,然后每天搬回 2 片面包屑。第 1 天结束时,容器中有 3 片面包屑;第 2 天结束时,有 5 片面包屑;第 3 天结束时,有 7 片面包屑……

第1天　　　　第2天　　　　第3天

(1) 请问第 4 天、第 5 天容器中的面包屑数量分别是多少?

(2) 第 100 天容器中有多少面包屑? 说说你是如何推理的。

(3) 对于任意天数 n,你能推算出容器中有多少面包屑吗?

🔍 **作业展示**

(1) 请问第 4 天、第 5 天容器中的面包屑数量分别是多少?

第4天:7+2=9(片)

第5天:9+2=11(片)

(2) 第 100 天容器中有多少面包屑? 说说你是如何推理的。

我发现每多一天就多了2片面包屑。
所以第100天容器中有(1+100×2)片面包屑,即201片面包屑。

(3) 对于任意天数 n,你能推算出容器中有多少面包屑吗?

同样的道理,我推算出对任意天数 n,
容器中有(2n+1)片面包屑。

作业评价

学生代数思维发展水平主要有三个阶段:事实性概括、情境性概括和符号性概括。对于大多数四年级学生而言,代数思维发展都在事实性概括这个阶段,学生对变量之间的数学关系有所感知。因此,当被问到第 4 天、第 5 天容器中面包屑数量时,事实性概括水平的学生发现天数和面包屑数量之间的关系——"第 3 天这里每一列有 3 片,再加上顶部的那片"。而对于情境性概括的学生而言,他们能够结合具体的例子表达情境性,当被问到第 100 天容器中有多少面包屑时,这类学生能够说出"每一边都是 100,所以将每一边相加,再加上最初的面包屑就得到了结果"。此时对于任意的天数,学生都能找到对应的面包屑数量,但是用语言叙述公式有一定困难。符号概括是在情境性概括的基础上发展而来的,这是一个脱离语言文字描述,转而借助符号表达数量关系的过程,学生能够从"两列的数量加上最初的一片"的描述转为"$2n+1=r$,n 为天数"。

在学习过程中,学生仅仅依赖于实际情境对数量关系进行理解是远远不够的,教师要引导学生感悟数量关系中三个量之间的内在联系,使学生感受到已知两个数量能够求出第三个数量的内在规律,这也是一个使学生从大量的实际情境问题中抽象出数量之间本质关系的过程,同时渗透代数思想。

第七节　整除关系

在小学数学中,整除关系是有关整数之间关系的重要概念,涵盖了整除、质数与合数、奇数与偶数、公因数与最大公因数、公倍数与最小公倍数等数学内容。这些学习主题之间的逻辑关系构建了一个有机的整体,从不同角度展示了整数之间的关联性。因此,我们将这一单元命名为"整除关系",目的是为这些主题建立纽带,帮助学生深入理解数的性质和关系,培养他们的数学思维和解决问题的能力。

（一）公因数与最大公因数(第三学段)

作业目标

1. 能够在 1～100 的自然数中找出一个自然数的所有因数。
2. 能够找出两个自然数的公因数和最大公因数。
3. 能判断一个自然数是不是质数或合数。

核心素养

1. 数感:对于数与数量、数量关系及运算结果的直观感悟。
2. 推理意识:从一些事实出发,依据规则推出其他结论的能力。
3. 应用意识:有意识地利用数学的概念、原理和方法解释现实世界中的现象与规律,解决现实世界中的问题。

🔍 **作业内容**

1. 有 18 朵红花、12 朵粉花,用这两种颜色的花搭配成相同的花束(即每个花束红花和粉花的数量一致,并且两种花要正好用完,没有剩余),算一算最多能扎成多少个这样的花束。

2. 下图是一张长 15 cm、宽 9 cm 的长方形纸张。

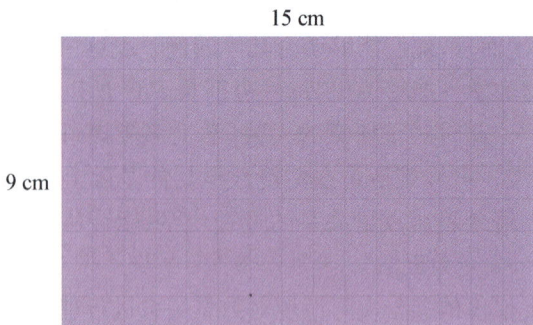

15 cm

9 cm

(1) 15 是质数还是合数? 9 是质数还是合数?

(2) 想要将纸裁成同样大小的正方形,且纸张全部用完没有剩余,裁出的正方形边长最大是多少厘米?

(3) 一共可以裁出多少个这样的正方形?(先在图中画一画,再回答)

🔍 **作业展示**

第 2 题

(1) 15 是质数还是合数? 9 是质数还是合数?

答:15是合数,9也是合数

(2) 想要将纸裁成同样大小的正方形,且纸张全部用完没有剩余,裁出的正方形边长最大是多少厘米?

答:裁出的正方形边长最大是3厘米。

(3) 一共可以裁出多少个这样的正方形?(先在图中画一画,再回答)

答:一共可以裁出15个这样的正方形。

🔍 **作业评价**

这份作业通过花束搭配问题,鼓励学生找出 18 和 12 的所有公因数,并确定它们的最大公因数。此外,运用所学知识判断 15 和 9 的质数或合数属性,并能够应用这些概念解决问题。在裁剪纸张问题中,学生展现了良好的推理意识和应用意识,能够正确地计算出最大的正方形边长,并确定总共可以裁出多少个相同大小的正方形。通过这些活动,学生对于公因数、最大公因数、质数、合数以及形状的理解更加深入,应用意识、推理意识得到有效的培养和提升。

（二）公倍数与最小公倍数（第三学段）

作业目标

1. 能够在 1～100 的自然数中找出 10 以内自然数的所有倍数。
2. 能够找出 10 以内两个自然数的公倍数和最小公倍数。

核心素养

1. 数感：对于数与数量、数量关系及运算结果的直观感悟。
2. 运算能力：根据法则和运算律进行正确运算的能力。
3. 推理意识：从一些事实出发，依据规则推出其他结论的能力。
4. 应用意识：有意识地利用数学的概念、原理和方法解释现实世界中的现象与规律，解决现实世界中的问题。

作业内容

1. 16 是 8 的倍数，24 是 8 的倍数。16 和 24 的和是 8 的倍数吗？

2. 小熙和菲菲在同一年级的不同班。小熙所在班每次测验有 30 道题；菲菲所在班每次测验有 24 道题，但测验次数比较频繁。已知小熙和菲菲每学年测验的次数不一样，但她们所做试题的总数量是一样的。请问小熙和菲菲每学年至少要做多少道题？

3. 10 路和 20 路公共汽车早上 6 时同时从起始站发车，10 路车每 4 分钟发一班，20 路车每 6 分钟发一班。

（1）请通过列表的方式找出这两路车第二次同时发车的时间。

车次	发车时间					
10 路车	6：00	6：04				
20 路车	6：00	6：06				

（2）解决这个问题，你还有其他方法吗？

作业展示

第 1 题

作业评价

　　因数和倍数对学生来说比较陌生,作业设计充分考虑到数学与生活的紧密联系,巧妙引入生活情境渗透因数和倍数的相关知识,学生在完成作业的同时能直观地感受到因数和倍数其实就在身边。此外,这份作业的题干没有设计提示语,目的是鼓励学生进行个性化思考,这种开放性的学习活动设计,不仅能为不同层次的学生提供独立思考的空间,有效激发他们参与数学探索活动的积极性和主动性,而且有利于学生通过对不同思考方法的比较和交流,获得对概念的深刻理解和把握,同时也为学生选择适合自己的解决问题的方法提供了机会。

第三章
图形与几何领域的单元作业设计

几何学起源于人对大自然中物体形象的认识。小学数学中的图形与几何学,以直观几何、实验几何为主线,涉及度量几何内容,融入了基本的演绎几何,渗透了变换集合和坐标思想。同时,小学阶段的几何知识主要为日常生活的需要而设置,学生可以将日常生活中接触过的几何图形抽象为数学概念。

在新课标中,小学阶段的图形与几何领域包括"图形的认识与测量"和"图形的位置与运动"两个主题。学段之间的内容相互关联,螺旋上升,逐段递进。本书将"图形的认识"分为"图形的认识""线段、直线和射线""角和三角形""三角形、平行四边形和梯形""圆和扇形""长方体、正方体、圆柱和圆锥"六个单元。将"图形的测量"分为"长度""周长和面积""角度的测量""质量""体积"五个单元。将"图形的位置与运动"分为"方位""垂直与平行""平移与旋转""轴对称""缩放"五个单元。小学数学里的几何学习遵循着一条基本途径:直观感知—操作确认—演绎推理—度量计算,而其中的直观感知和操作确认是尤其需要重视的。因此,作业设计要重点考虑学生的直观感受,丰富动手实践的机会。演绎推理方面,可以设计分类、推理表达等问题,培养数学的逻辑严谨性。

第一节　图形的认识

新课标指出,图形的认识主要是对图形的抽象,要帮助学生建立几何图形的直观概念。小学阶段的几何学习主要诉诸儿童的直观感受,借以识别各种不同的几何图形。因此,在作业内容设计方面,要注意合理引入真实情境,激发学生利用几何对象的特征解决实际生活问题,形成"会用数学的思维思考现实世界"的核心素养。另外,图形的认识主要分布在第一学段,作业形式方面应以口头和动手游戏等为主,提高学生对数学的兴趣,培养学生动手操作能力。

（一）图形的认识（第一学段）

🔍 作业目标

1. 能辨认长方形、正方形、平行四边形、三角形、圆等平面图形。

2. 能根据图形特征进行简单分类。

3. 会用简单的图形拼图,能在组合图形中说出各组成部分图形的名称。

4. 能说出立体图形中某一个面对应的平面图形。

🔍 核心素养

1. 几何直观:能够感知各种几何图形及其组成元素,依据图形的特征进行分类。

2. 空间观念:根据现实生活中的物体的特征抽象出几何图形;具有对空间物体或图形的形状、大小及位置关系的认识。

🔍 作业内容

1. 小小设计师:观察下图,这是家装设计师为小熙设计的儿童房。

（1）你能找出自己认识的几何图形吗? 请用不同颜色的彩笔把它们标记出来吧!

（2）请你为小熙设计她的房间,布置家具、装饰,尽可能地运用更多的角和图形。

2. 制作七巧板。

（1）仔细观察下面的七巧板,说说它由哪些图形组成,这些图形有哪些特征,想一想这些图形是如何获得的。

（2）参考下列步骤，试着做一个七巧板吧。

① 取一张正方形纸片，沿对角线对折，用剪刀剪开形成两个大三角形。

② 取其中一个大三角形并用剪刀将其一分为二。

③ 取另一个大三角形，将直角的顶点折叠到对边的中点，沿着折线剪开。

⑥ 现在你有两个大三角形，一个中等大小的三角形，两个小三角形，一个正方形和一个平行四边形。这七个部分组成了七巧板。

④ 把两个大的和一个中等的三角形放在一边。将剩余的梯形对折，沿折线剪开。

⑤ 沿着下面所示的线折叠每个梯形，并分别沿折线剪开。

（3）用刚刚制作的七巧板拼出你喜欢的图形，并拍照记录下来吧。

（4）想一想刚刚制作七巧板使用了哪些策略。请试着创建自己的七巧板拼图。可以先设计一个图形，再在一张空白纸上进行勾勒，并给它取一个标题。

3. 认识下面的立体图形。取出印泥或马克笔，试着将下面几个立体图形的任意两个面着色并印在纸上，看看得到了哪些平面图形。拍照记录下你的成果。

半圆　　　　　圆柱　　　　　圆锥　　　　　正方体

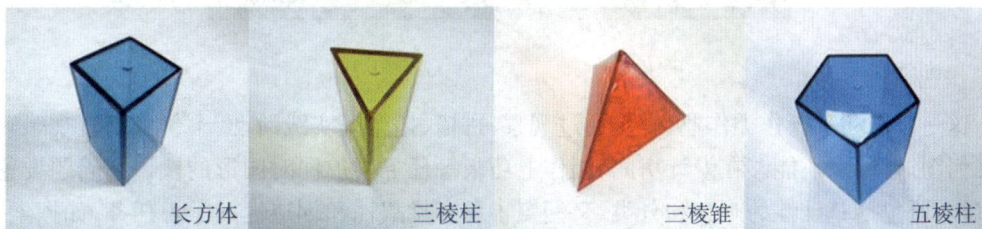

长方体　　　　三棱柱　　　　三棱锥　　　　五棱柱

🔍 **作业展示**

第1题

第3题

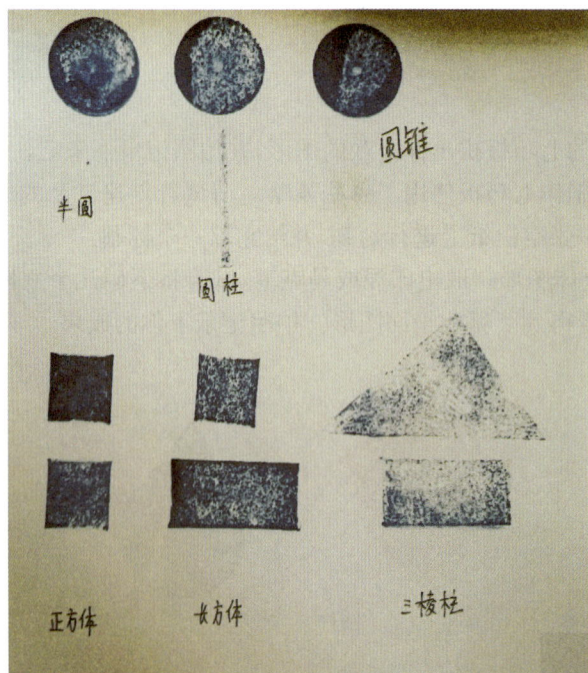

🔍 **作业评价**

　　这是一份动手操作类作业,学生通过观察、拼搭、拓印等实践活动,不仅可以直观感知各种几何图形特征,还能够在设计房间、制作七巧板等任务中加深对图形的认识。问题设置丰富多样,既包括基础性的观察和分类,又涵盖了具有挑战性和创造性的学习任务,如探索、总结制作七巧板的策略,让学生在逻辑思维的基础上发挥创造力和想象力。这样的学习活动有助于激发学生的数学学习兴趣,提升活动参与度。

（二）线段、直线和射线（第二学段）

作业目标

1. 能说出线段、射线和直线的共性与区别。

2. 理解两点之间的所有连线中线段最短，能够在具体情境中运用"两点间线段最短"解决简单问题。

3. 会用直尺和圆规作一条线段等于已知线段。会用直尺和圆规将三角形的三条边画到一条直线上。

核心素养

1. 空间观念：根据线段、射线或直线等想象出所描述的实际物体。

2. 几何直观：在动手作图的过程中感知几何图形及其组成元素；能够用语言描述出相应的图形。

3. 应用意识：感悟现实生活中蕴含的数学图形；有意识地利用数学概念来初步解释现实世界中的现象。

作业内容

1. 下图中有几条线？能否在生活中找到它们？你认为哪条最短？说说你的理由。

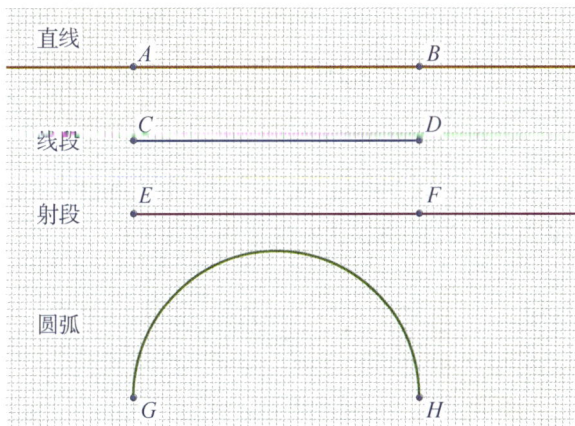

2. 多边形以构成它们的边数命名，而这些边都是线段。例如，在常见的图形中，三角形是由 3 条线段围成的封闭图形，四边形是由 4 条线段围成的封闭图形，五边形是由 5 条线段围成的封闭图形。

（1）数一数下面的图形中有几条线段？你能给它命名吗？

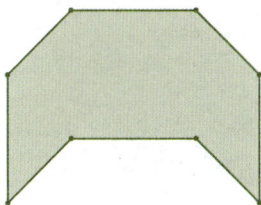

（2）请动手在方格纸中画一画，创作一些十二边形吧。

3. 请分别使用圆规和直尺，作出等腰三角形 ABC。说一说你更喜欢用哪种方法，为什么。

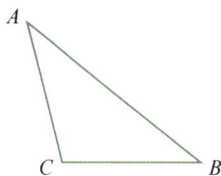

圆规作图

直尺作图

4. 黄浦江两岸的码头轮渡有四条航线：航线 A、航线 B、航线 C 和航线 D。请问，在船速保持不变的情况下，哪条航线可以最快到达？说说你的理由。

5. 射线探索之旅。

射线是一个普遍存在于物理、数学和其他领域的重要概念。例如,在光学中,光线可以用射线来描述,它表示光的传播方向和路径。这使得我们可以简化复杂的光学现象,并更容易理解光在不同介质中的传播规律。

在数学中,射线是几何学和向量代数等领域的基础概念。例如,射线常常用于定义角。一个角由两条射线共享一个端点而形成,其中一条射线作为起始边,另一条射线作为终止边。角度的大小可以通过射线之间的夹角来衡量。

射线不仅存在于学科中,而且在日常生活中也被实际应用。例如,在建筑设计中,射线被用于模拟太阳光线的传播路径,从而确定建筑物的遮阳效果和照明设计。在医学上,通过控制和定向射线的传播路径,医生可以对身体进行影像诊断,帮助诊断和治疗疾病。

请同学们通过图书馆、互联网等途径查阅相关资料,进一步探索射线在不同领域中的应用:

(1)请从光学、声学或天文学等领域中选取一个例子,解释射线在该领域的重要性和应用。

(2)请举出几个生活中射线的例子,并说明它们在实际生活中的用途。

🔍 **作业展示**

第3题

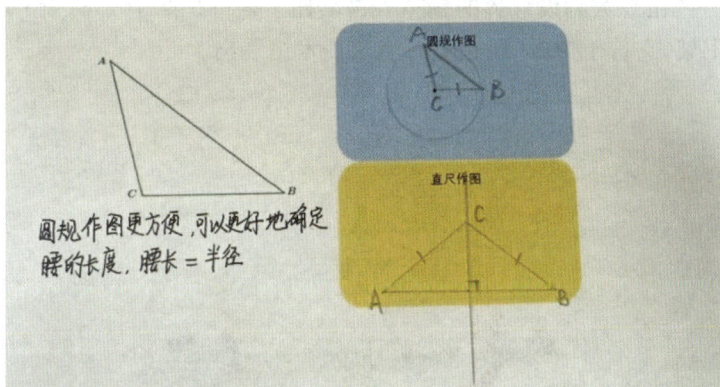

查看更多

🔍 **作业评价**

这份单元作业设计充分结合了几何概念与实际应用,通过丰富的问题和练习,培养了学生的几何观念、实际操作能力以及应用思维。如第1题引导学生通过观察图形,理解线段长度的概念,培养了比较和判断能力。尺规作图是新课标中的新增内容,学生在操作的过程中,感受到在直尺无法精准测量长度的情况下,圆规的两脚可以确定线段的长度,形成了初步的几何直观。此外,作业中引导学生从不同领域探索射线的应用,鼓励跨学科的思考,拓展了学生的知识广度,是一个富有启发性和挑战性的小学数学作业设计。

(三)角和三角形(第二学段)

🔍 **作业目标**

1. 能够说出直角、锐角和钝角的特征,能够辨认平角和周角。

2. 会比较角的大小。

3. 能根据角的特征识别直角三角形、锐角三角形和钝角三角形。

4. 能用直尺和量角器画出指定度数的角。

🔍 **核心素养**

1. 几何直观：能够感知各种几何图形及其组成元素，依据图形的特征进行分类。

2. 空间观念：根据现实生活中的物体的特征抽象出几何图形；具有对空间物体或图形的形状、大小的认识。

🔍 **作业内容**

1. 小小领操员。请你对着镜子做一做最近刚学的广播操吧！找一找动作中的直角、锐角和钝角。

2. 下面是一幅由意大利设计界的领军人物埃托·索特萨斯于 1981 年（64 岁）设计的卡尔顿（Carlton）书架，它曾于 2023 年在上海浦东美术馆展出。

（1）说一说在这幅图中，你找到了哪些图形，哪些角。

（2）试着用你学到的图形来设计一些创意家具作品吧！

3. 数一数，下面这些正方形中有多少个三角形。

（1）正方形中有____个三角形。

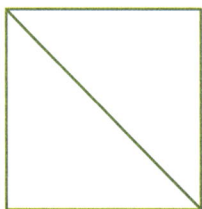

（2）正方形中有＿＿＿个三角形。

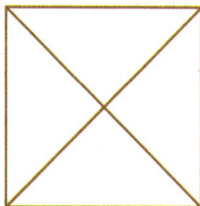

4. 尼泊尔国旗是当今世界上唯一的非矩形国旗（两个三角形部分重叠而成），也是唯一在比例上纵大于横的国旗，启用于 1962 年 12 月 16 日。两个重叠的三角形象征喜马拉雅山，"日"和"月"表明尼泊尔是一个印度教国家，也寄托了国家与日月长久共存的愿望。深红色是尼泊尔国花红杜鹃的颜色，蓝色旗边象征和平与自然。

（1）你能说出世界上多少个国家的名称？

（2）请上网搜索世界各国的国旗，看看你还能在别的国家的国旗上找出**三角形**和**四边形**吗？

5. 跳跃的 C 点。

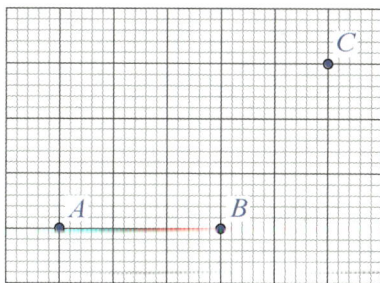

（1）依次连接图中的 A、B、C 三点并仔细观察，这三个点形成的是＿＿＿＿＿三角形。

（2）如果 C 点沿着水平线向左或向右继续移动，A、B、C 三点还会形成什么三角形？试着画一画，说一说。

（3）如果 C 点移动到直线 AB 上，会形成什么角？

6. 下面的三角形各露出一个角，你能猜出它们可能是什么三角形吗？

我的回答：

①是＿＿＿＿＿＿

②是＿＿＿＿＿＿

③是＿＿＿＿＿＿

7. 尝试用一张正方形纸片，折出直角三角形、锐角三角形和钝角三角形。

8. 将下图分成3个三角形，它们可能是什么三角形？请展示你的做法。

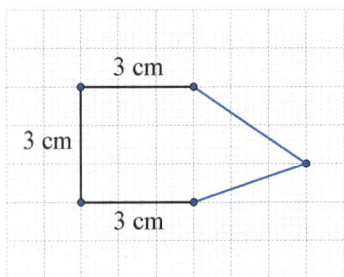

9. 开动脑筋想一想（可以动手画一画，试一试，找一找）：

（1）一个三角形中会有两个直角吗？为什么？

（2）一个三角形中会有两个钝角吗？为什么？

🔍 作业展示

第5题

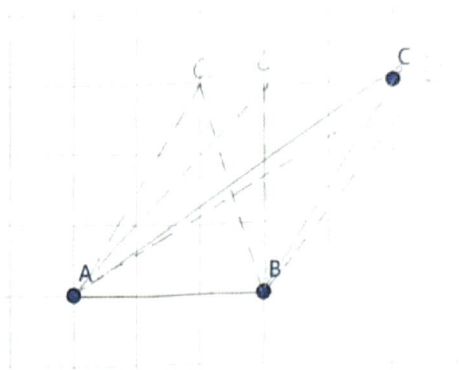

（1）依次连接图中的 *A、B、C* 三点并仔细观察，这三个点形成的是 <u>钝角</u> 三角形。

（2）如果*C*点沿着水平线向左或向右继续移动，*A、B、C* 三点还会形成什么三角形？试着画一画，说一说。

会形成锐角三角形、直角三角形、钝角三角形。

（3）如果*C*点移动到与*A、B*两点所在的同一条直线上，会形成什么角？

会形成平角。

查看更多

作业评价

这份作业将角和三角形的概念与学生的日常生活相结合,问题设计巧妙,涵盖了各种类型的角和三角形,有助于学生直观深入地认识三角形。每个问题都有一定的思考深度,引导学生思考、探索,提高了他们的逻辑思维和解决问题的能力。通过多种问题设置,让学生在观察、分析、创造中培养了几何直观和空间观念。内容富有趣味性,能够激发学生的学习兴趣,建立数学对象与现实世界之间的逻辑联系,培养用数学的眼光观察现实世界的能力。

(四)三角形、平行四边形和梯形(第二学段)

作业目标

1. 能说出长方形、正方形、平行四边形和梯形的特征。
2. 会计算三角形、平行四边形、梯形的面积,能用相应公式解决实际问题。

核心素养

1. 几何直观:能够感知各种几何图形及其组成元素,依据图形的特征进行分类。
2. 空间观念:对空间物体或图形的形状、大小的认识。
3. 运算能力:根据法则和运算律进行正确运算的能力。

作业内容

1. 寻找生活中的平行四边形。

(1)下图是我们生活中常见的升降式晾衣架,想一想它的升降装置为什么设计成平行四边形。

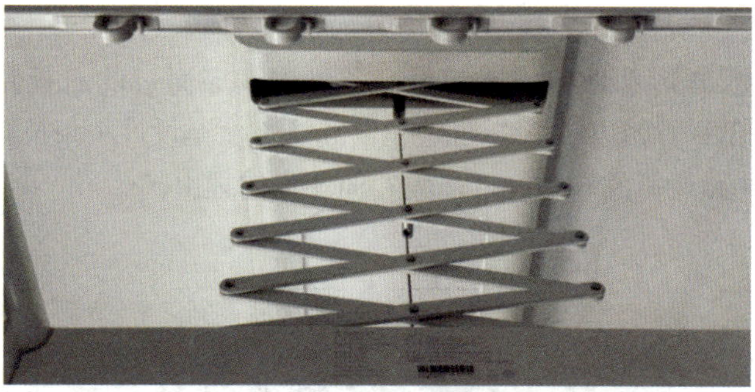

(2)你能找到生活中其他的包含平行四边形的物体(品)吗?

(3)试着说一说为什么这些物品会被设计成平行四边形。

2. 下图中有 9 个点,横向、纵向相邻两点间的距离都是 1 cm,请问这 9 个点可以连成几个平行四边形?

3. 有六个平行四边形，底都为 7 cm，高为 1 cm 到 6 cm 不等，每个平行四边形的高依次变长 1 cm：

(1) 请在格子纸中画一画这些平行四边形，看看你有多少种画法。

(2) 请问这六个平行四边形的总面积是多少？

(3) 对于问题(2)，你能想到几种解决方法？你发现了哪些现象（或性质）？

4. 下图中，将长方形的长平均分成 4 段，宽平均分成 3 段。分别连接这些点，得到一些平行四边形，如果一个小平行四边形（如蓝色的平行四边形）的面积是 6 cm^2，那么这个长方形的面积是多少 cm^2？说说你的思路和想法。

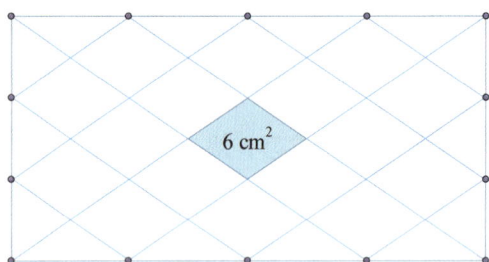

5. 学校的一片长方形草地中需要铺设一条可以横穿而过的石板路，现有两个设计方案：方案①是设计一条平行四边形小路，底边是 2 m；方案②是设计一条长方形小路，宽是 2 m。

(1) 请问两条小路所需的石材一样多吗？简述你的理由。

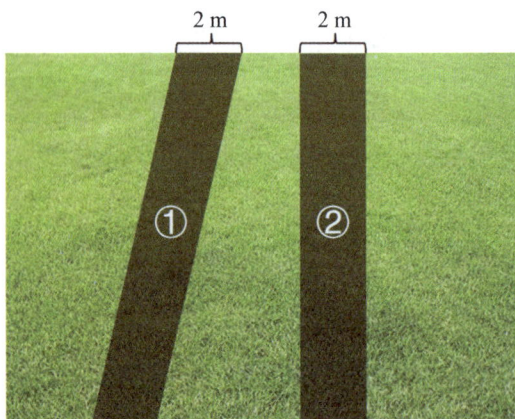

（2）你还能设计出一条和方案①所需石材同样多的平行四边形小路吗？

6. 下面这个三角形中，AC 长 15 cm，AB 长 3.6 cm，BD 长 2.1 cm。如果以 AB 为底，你能找到它所对应的高吗？请在图中画一画，并计算高的长度。

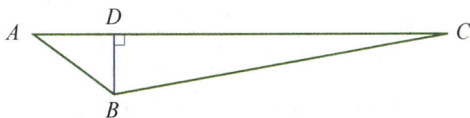

7. 下图中，已知平行四边形 ABCD 的底是 6 dm，高是 4 dm，请问：

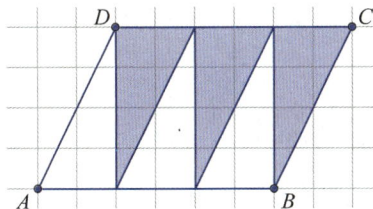

（1）阴影部分的面积是多少？

（2）解决问题（1）你能想到几种解法？说一说你的思路。

8. 在下面边长为 1 cm 的方格纸内按要求作图：

（1）画一个上底是 3 cm、下底是 5 cm、高是 2 cm 的直角梯形。

（2）画一个上底是 4 cm、下底是 2 cm、高是 7 cm 的等腰梯形，并在这个等腰梯形内画一条线段，把它分割成一个平行四边形和一个三角形。

（3）请分别计算这两个梯形的面积。

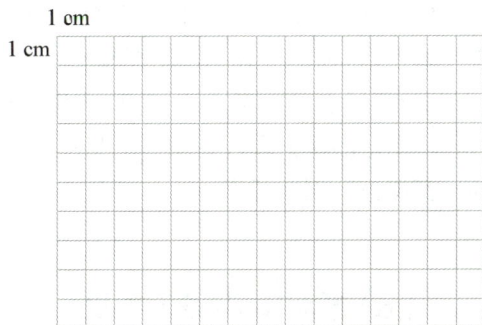

9. 下图中，将两个完全相同的梯形叠放在一起，求涂色部分的面积。

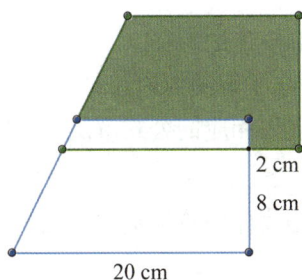

10. 下图 $ABCD$ 是一个长方形,其中:AF 的长是 $25\,cm$,CG 的长是 $6\,cm$。请试着用割补法,求图中涂色部分的面积。

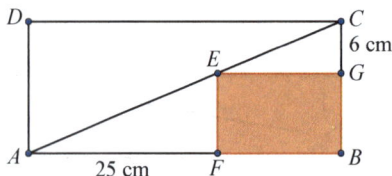

🔍 **作业展示**

第 7 题

(1) 阴影部分的面积是多少?

解:$S_阴 = 6 \times 4 \div 2$
$\quad\quad = 24 \div 2$
$\quad\quad = 12\,(dm^2)$

(2) 解决问题(1)你能想到几种解法?说一说你的思路。

方法一:同底等高的三角形面积相等,所以加上圆,可以把这个三角形变成大三角形。利用公式计算大三角形的面积。

方法二:阴影部分的面积是平行四边形面积的一半,先计算出平行四边形的面积再除以2。

查看更多

🔍 **作业评价**

这份作业以空间观念、几何直观、运算能力等核心素养为导向,以生活中的实例为切入点,帮助学生辨识并理解平行四边形、梯形等几何图形的概念,培养其用数学的眼光观察现实世界的能力。作业中的问题设置具有循序渐进的特点,学生经历了观察—想象—操作—验证的过程,逐步建立起对几何图形的认识和计算能力。此外,作业还鼓励学生通过多种方法解决问题,培养了他们的运算能力和创新意识。

(五)圆和扇形(第三学段)

🔍 **作业目标**

1. 会用圆规画圆,能描述圆和扇形的特征。

2. 知道圆的周长、半径和直径,了解圆的周长与直径之比是一个定值,认识圆周率。

3. 会计算圆的周长和面积,能用相应的公式解决简单的实际问题。

🔍 **核心素养**

1. 空间观念:根据现实生活中物体的特征抽象出几何图形;对空间物体或图形的形状、大小及位置关系的认识。

2. 几何直观:能够感知各种几何图形及其组成元素,依据图形的特征进行分类。

3. 应用意识:有意识地利用数学的概念、原理和方法解释现实世界中的现象与规律,解决现实世界中的问题。

4. 模型意识:对数学模型普适性的初步感悟。能够认识到现实生活中大量的问题都与数学有关,有意识地用数学的概念与方法予以解决。

作业设计

1. 观察下面三幅图,说一说你获得了哪些信息。

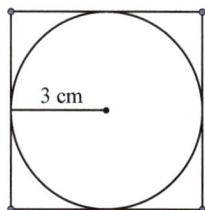

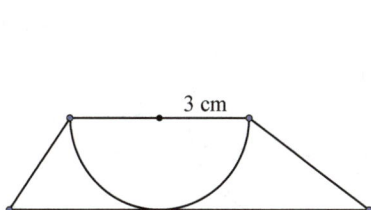

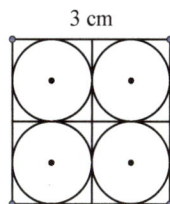

2. 一个圆形铁片沿直线滚动1圈移动了31.4 cm,请问这个铁片的周长是(　　)cm,直径是(　　)cm。

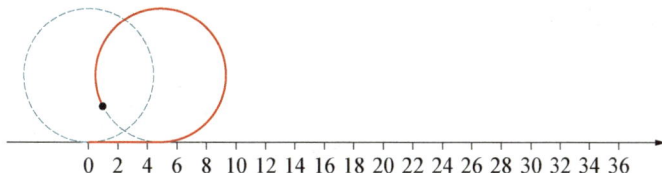

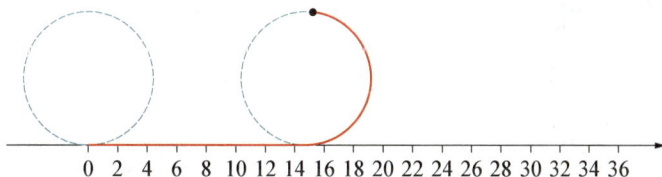

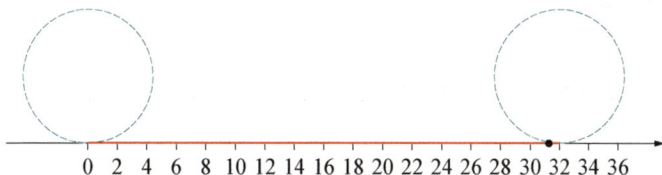

3. 小熙家楼下的公园建了一个有趣的花坛,形状如下图阴影部分所示,你能计算出花坛的周长吗?

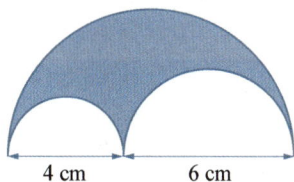

4. 下面图形中的阴影部分为扇形的是（　　　）。（可多选）

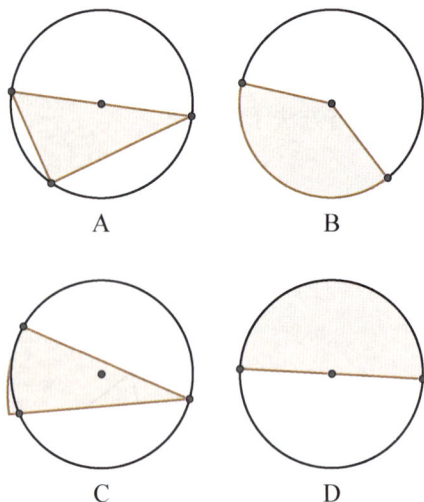

A   B

C   D

5. 河岸上有一个巨型摩天轮，摩天轮的外径为 140 m，最高点在河床正上方 150 m 处。它沿着箭头所示的方向转动。

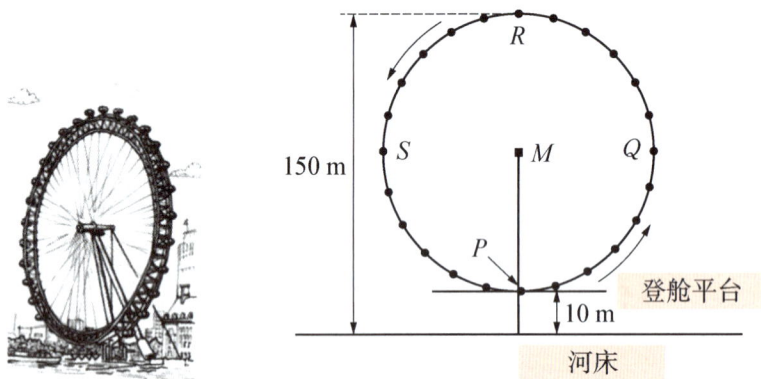

（1）右图中的字母 M 表示摩天轮的中心。请问 M 点在河床上方多少米（m）? 写出计算过程。

（2）摩天轮以匀速旋转，每 40 分钟转一圈。小熙在 P 点坐进摩天轮座舱。请问半小时后小熙所处的位置大概在哪里？（　　　）

A. 在 R 点

B. 在 R 点和 S 点之间

C. 在 S 点

D. 在 S 点和 P 点之间

请简述你的分析过程。

作业展示

第5题

(1) 右图中的字母 M 表示摩天轮的中心。请问 M 点在河床上方多少米(m)？写出计算过程。150÷2=70(米)　70+10=80米！
答：M点在河床上方80米。

(2) 摩天轮以匀速旋转，每40分钟转一圈。小熙在 P 点登摩天轮。请问半小时后小熙所处的位置大概在哪里？（ C ）

A. 在 R 点

B. 在 R 点和 S 点之间

C. 在 S 点

D. 在 S 点和 P 点之间

请简述你的分析过程。

首先，我们把P到Q看成第一段，把Q到R看成第二段，以此类推，共出现了四段。已知摩天轮是匀速旋转，40分钟转一圈，共有4段，那么40÷4=10(分钟)转一段。问题是半小时后，半小时=30分钟，那么30÷10=3段，小熙就在S点位置。因为P到Q点为第一段，Q到R点为第二段，R到S点为第三段，在第三段的末尾结束，由此推出小熙是S点左右的位置。

查看更多

作业评价

这份作业综合了圆与扇形的相关基本概念,考查了学生将真实情境中的问题数学化、读图提取信息的能力,要求学生连接平面图形的整体知识,根据已知信息,如圆的半径、周长等,寻找组合图形的间接条件,感受图形之间的关联。摩天轮的问题综合考查学生对基本数学模型(速度＝路程÷时间)的变式应用能力,此外,推理和论证是数学学习的重要能力,"请简述你的分析过程"这类要求可以很好地将学生的思维过程显现化,让他们在思考和组织语言的过程中发展表达能力。

（六）长方体、正方体、圆柱和圆锥（第三学段）

作业目标

1. 认识长方体、正方体和圆柱,能辨认这些图形的展开图。

2. 会计算长方体、正方体和圆柱的体积和表面积。

3. 认识圆锥，能说出圆锥的特征，会计算圆锥的体积。

核心素养

1. 空间观念：根据现实生活中的物体的特征抽象出几何图形；对空间物体或图形的形状、大小的认识。

2. 几何直观：建立形与数的联系，构建属性问题的直观模型。

3. 应用意识：有意识地利用数学的概念、原理和方法解释现实世界中的现象与规律，解决现实世界中的问题。

4. 模型意识：对数学模型普适性的初步感悟。能够认识到现实生活中大量的问题都与数学有关，有意识地用数学的概念与方法予以解决。

作业设计

1. 下图是一个正方体及其展开图。

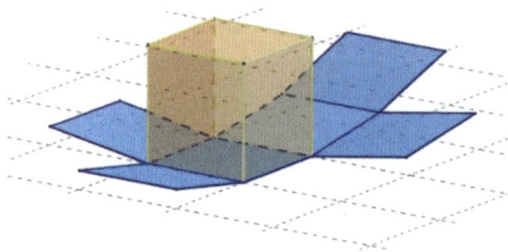

（1）请在格子纸中画一画。你能画出多少种正方体的展开图？

（2）请用牙签和橡皮泥（或者其他可用来固定牙签的工具，如胶水），试一试能否搭建出一个正方体，数一数一共用到了几根牙签。

2. 用第一行的立体图形模型能描出第二行的哪些平面图形？连连看。

3. 下面这些生活中的问题实际求的是圆柱的什么？选一选。

A. 底面积　　　　　　　　　B. 侧面积

C. 表面积　　　　　　　　　D. 一个底面积＋侧面积

（1）压路机滚筒滚动一周压过的路面面积，求的是圆柱的（　　）。

（2）为卷筒纸制作独立包装所需要的塑料薄膜面积，求的是圆柱的（　　）。

4. 有一段圆柱形木材，直径为 1.6 dm，高为 4 dm。

（1）沿着直径竖直劈开，将木材平均分成两份，请问每一份的表面积是多少？

（2）若要将这段木材制作成一个圆锥体，请问它的体积是多少？

（3）若要为这个圆锥体制作一个长方体的纸质收纳盒，请问至少需要多少纸板？

作业展示

第1题

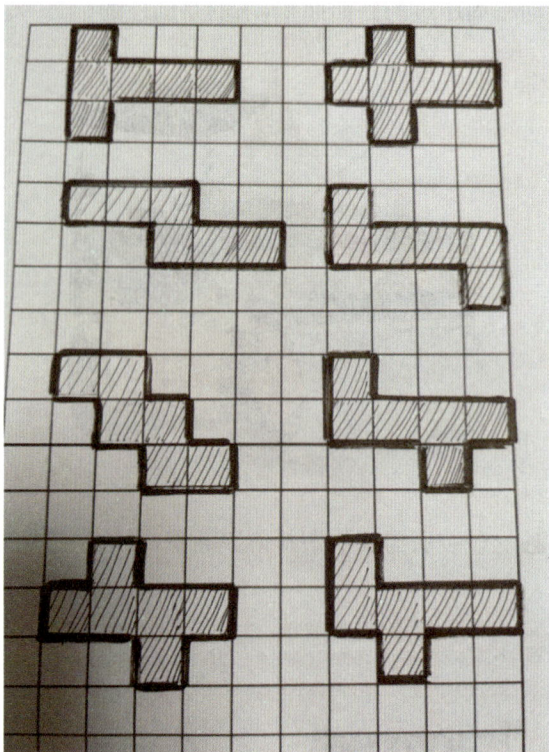

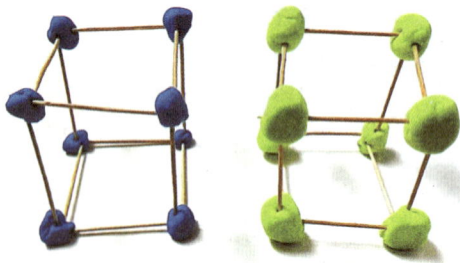

查看更多

答:12根。

作业评价

第1题第(1)问通过在格子纸上画出正方体展开图,帮助学生加深对正方体表面积的理解,学生在画正方体展开图的过程中,要做到有序思考。如何能尽可能多地,甚至画出全部的正方体展开图,对于学生而言,是一种挑战。搭建正方体模型的操作,可以让学生更加直观地认识正方体的顶点、棱和面,了解正方体的顶点、棱和面的特点。画和搭的操作可以很好地培养学生的空间观念。

第2题要求学生用立体图形描平面图形,其中用正方体和圆柱描平面图形难度不大,学生基本不会出错,用圆锥描平面图形却很容易出错,可以让学生借助实物描一描,感知只有平面才可以在纸上描出来,而曲面是没办法描出来的。

第 3 题,求圆柱的表面积和体积在实际生活中的应用是广泛且灵活的,如:压路机滚筒滚动一周压过的路面面积是圆柱的侧面积;为卷筒纸制作独立包装所需要的塑料薄膜面积是圆柱的表面积。第 4 题,将圆柱形木材沿着直径竖直劈开平均分成两份,每一份的表面积要用圆柱表面积的一半加上截面长方形的面积,截面长方形的长是圆柱的高,宽是圆柱底面的直径。将圆柱形木材制作成圆锥体,求圆锥体的体积可以有两种思路:一种是先求圆柱的体积,再根据一个圆锥的体积等于与它等底等高的圆柱体积的三分之一,求得圆锥的体积;另一种是直接用圆锥的体积公式进行计算。为这个圆锥体制作一个长方体的纸质收纳盒至少需要多少纸板的练习,是通过圆锥的底面直径和高的信息得到长方体长、宽、高的数据,并求出长方体的表面积。

第二节　图形的测量

几何学起源于图形大小的度量,在公元前 4000 年,古埃及尼罗河经常泛滥,人们需要重新划出土地的界限,并丈量和计算土地的大小,于是逐渐有了面积的概念。在古代中国数学名著《九章算术》中,"方田"章就是专门研究土地面积测量问题的篇章。随着度量几何学的不断发展,在度量正方形、正五边形的对角线等过程中,人们发现了不可公度线段 $\sqrt{2}$、$\sqrt{5}$、π,中国古代数学家祖冲之把圆周率 π 计算到令人惊叹的精确程度。根据图形的维数,把表示一维图形大小的数称为长度,二维图形的大小用面积来表示,三维图形的大小则用体积来表示。

小学阶段的图形测量主要包含长度、周长、面积、角度、质量、体积等知识点。

线段长度是一切度量的基础。学生选择合适的长度单位测量物体的长度,即两点之间的距离,并在过程中体会到统一度量单位的必要性,最终理解长度的含义,即所包含的长度单位的个数。

周长的本质是封闭图形一周边线所包含的长度单位的个数,是培养空间观念和量感的重要知识载体。新课标中指出要"结合实例认识周长""探索并掌握长方形、正方形周长的计算公式"。作业设计中要注重与生活情境的联系,为学生创造测量的机会,帮助学生体会选择恰当度量单位的重要性以及度量单位一致性的重要性。

面积的含义可以理解为对一个二维图形的表面进行度量以后,用一个数标志它的大小,这个数被称为该图形的面积。小学阶段求面积的主要方法是利用出入相补原理求平面图形的面积,利用重新组合的方法求无理数边长的矩形面积、平行四边形面积以及圆的面积。

几何学习的另一重要意义是培养量感。新课标增加了"量感"这一核心素养,将其内涵表述为"对事物的可测量属性及大小关系的直观感知","量感"一词中的"量",主要是指对名数(即带有单位的数,如 4 千克、4 本、3 分 10 秒)的一种感觉。教学要求指出要知道度量的意义,能够理解统一度量单位的必要性,会针对真实情境选择合适的度量单位进行度量,会在同一度量方法下进行不同单位的换算、初步感知度量工具和方法引起的误差。从学生的角度来说,量感是个体基于主观感受和客观计算与分析后形成的,是对实物"量"的整体认知。量感的发展能够让学生体会常见量的大小、理解所学量的概念内涵。从数学学习的角度来说，量感的建立有助于提高估算、估测能力，发展数学的应用意识、运算能力和推理能力。

新课标在综合与实践领域增加"度量衡的故事"，意在引导学生自主了解度量衡的历史与发展，"理解度量的本质就是表达量的多少，知道计量单位是人为规定的""能对不同的量进行分类、整理、比较，丰富并发展量感"，这些内容强调了培养度量意识的重要性。然而度量意识的形成需要长期积累。教师在日常的教学活动中，应注重培养学生带着"度量"的眼光打量身边的人、事、物的意识，在教授单位认识等内容时，要让学生体会统一度量单位的必要性。这也是量感培养为导向的作业设计需要注意的方面。

（一）长度（第一学段）

🔍 作业目标

1. 能恰当地选择长度单位"米""厘米"描述生活中常见物体的长度。
2. 能进行单位之间的换算。
3. 能估测一些身边常见物体的长度，能借助工具测量生活中物体的长度。

🔍 核心素养

1. 量感：对于数与数量、数量关系及运算结果的直观感悟。
2. 应用意识：有意识地利用数学的概念、原理和方法解释现实世界中的现象与规律，解决现实世界中的问题。
3. 推理意识：从一些事实出发，依据规则推出其他结论的能力。
4. 几何直观：建立形与数的联系，构建属性问题的直观模型。
5. 空间观念：对空间物体或图形的形状、大小的认识。
6. 运算能力：根据法则和运算律进行正确运算的能力。

🔍 作业设计

1. 小熙想知道自己的床有多长，可是她的身边只有一把文具盒里的直尺。她能利用这把尺子量出床有多长吗？

（1）请你以自己的小床作为参照物，动手画一画、算一算，将你的测量过程记录下来。

（2）一张单人床大约长 1.8（　　）或 180（　　）。（请在括号中填入恰当的长度单位）

（3）通过刚才的实践，你认为测量床的长度，更恰当的测量工具是什么？

（4）测量一本草稿纸的长度，你觉得最合适的测量工具是什么？

2. 数学书的一张纸有多厚？请拿出直尺、笔和纸，记录你的实践过程。

（1）请仔细观察你的数学书，用手比画一下，估计一下它的厚度有多少。

（2）请问这本数学书有多少张纸？

（3）用尺子量一量，这本书的厚度大约是多少？

（4）这本数学书的一张纸的厚度是多少？你是如何知道的？

作业展示

第1题

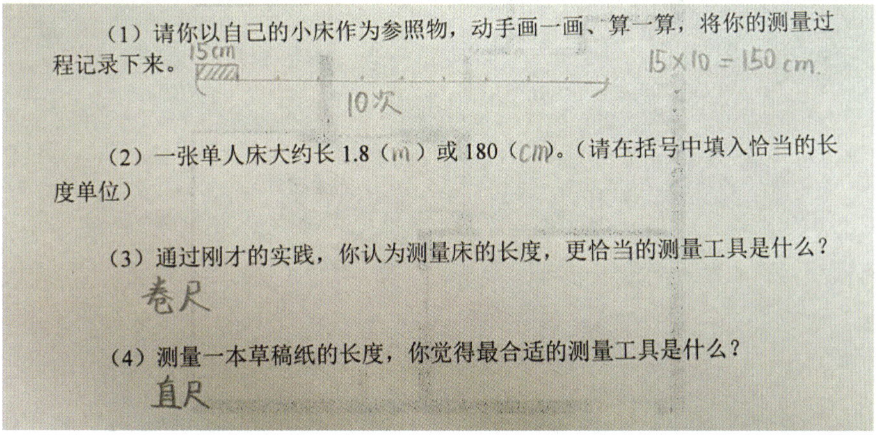

（1）请你以自己的小床作为参照物，动手画一画、算一算，将你的测量过程记录下来。

15cm　　　　　　　　　　　　　　　　　　15×10＝150cm

10次

（2）一张单人床大约长 1.8 (m) 或 180 (cm)。（请在括号中填入恰当的长度单位）

（3）通过刚才的实践，你认为测量床的长度，更恰当的测量工具是什么？

卷尺

（4）测量一本草稿纸的长度，你觉得最合适的测量工具是什么？

直尺

作业评价

　　这份作业能够帮助学生建立长度测量的基本概念和技能，同时培养他们的量感、应用意识、推理意识等数学核心素养。以日常生活中的实际问题为出发点，作业激发了学生的兴趣，学生在实际测量活动中运用估测，感受选择恰当测量单位的重要性。作业中的测量对象多来自实际生活，例如床的长度、书的厚度等，有助于培养学生观察现实生活中的测量对象、基于合情推理解决问题的能力。同时，作业中涉及长度单位的选择和换算问题，帮助学生理解不同度量单位的关系，感受统一度量单位的必要性。

（二）周长和面积（第二学段）

作业目标

1. 会测量三角形、长方形和正方形的周长。

2. 会计算长方形、正方形的周长和面积。

3. 在解决图形周长、面积的实际问题的过程中，逐步积累操作的经验。

核心素养

1. 量感：对于数与数量、数量关系及运算结果的直观感悟。

2. 几何直观：运用作图直观感知周长。

3. 推理意识：对平面图形的周长的认识和比较，以及通过列表对比感知周长与面积之间的关系。

4. 运算能力：根据周长计算方法进行正确运算。

作业设计

1. 下图是一套公寓的平面图。要想知道公寓的总建筑面积（包括露台和墙壁），你可以测量每个房间的大小，计算每个房间的面积，并将所有面积相加。

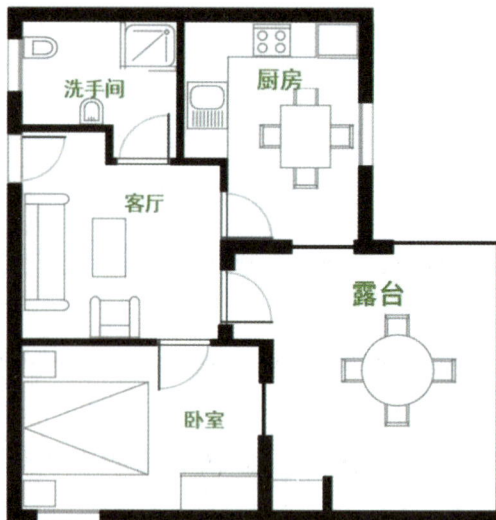

然而，有一种更有效的方法来估算总建筑面积，你只需要测量 4 个长度。

（1）请说一说如何根据下图标示出的四条边估算出房子的总建筑面积。

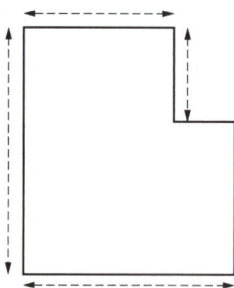

（2）请试着用箭头在平面图上标示出估算公寓总建筑面积所需的四个长度。看看你能想出多少种方法。

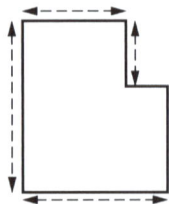

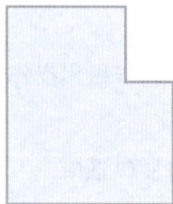

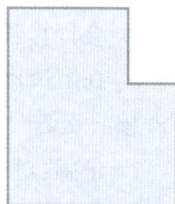

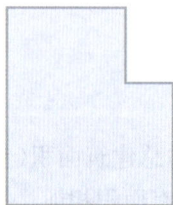

2. 听过"司马光砸缸"的故事吗？在遇到问题的时候,司马光表现得非常机智和勇敢! 瞧,有一天,他又开动了脑筋帮家里劳动。司马光用一根长 19 米的藤条帮父母围了一个长 2 米、宽 1.5 米的长方形鸡舍。

（1）藤条还剩下多少?

（2）他用剩下的藤条帮妹妹围了一个正方形兔子窝,兔子窝的面积是多少?

3. 科技节进行铜丝加工比赛,小丁丁和小胖都用 28 厘米长的铜丝围图形,小丁丁围正方形,小胖围长方形。

（1）如果小胖围的长方形长是 10 厘米,那么宽是多少厘米?

（2）此时两人围的图形的面积相差多少平方厘米?

（3）如果围出图形的面积大者为胜,小胖能赢小丁丁吗? 请把小胖能围出的情况填写在下面的表格中(假设长、宽取的都是整厘米数)。

长(cm)							
宽(cm)							
面积(cm²)							

（4）根据上面的统计数据判断,小胖(　　　)赢小丁丁。(填"能"或"不能")

4. 用一张长为 25 厘米、宽为 17 厘米的纸做一个简易无盖的纸盒,怎样的长、宽、高能够让纸盒装的 1 立方厘米小正方体块最多? 请写下你的探究过程。(注意:剪掉的四个角必须一样大,且为整厘米数)

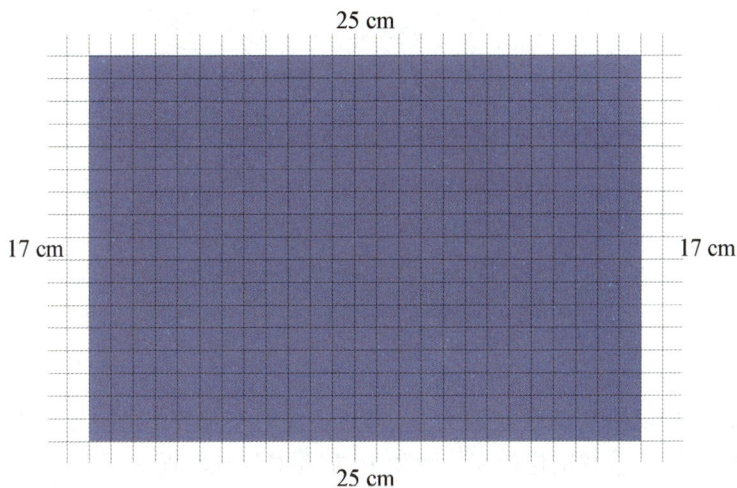

5. 下图中有 9 个正方形,边长分别为 1、4、7、8、9、10、14、15、18 厘米,它们可以组成一个没有空隙,且互不重合的矩形。你能做出这个矩形吗? 它的长和宽分别是多少?

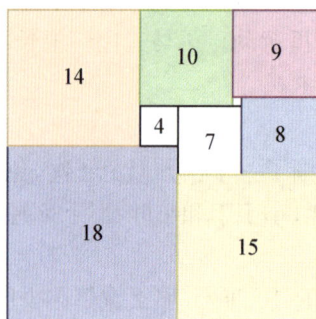

🔍 **作业展示**

第4题

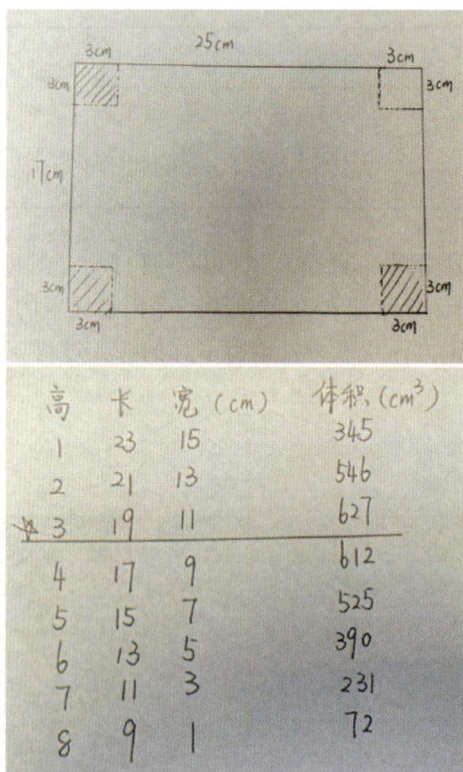

查看更多

🔍 **作业评价**

这份作业以问题解决和动手实践为主,通过探索性任务的设置,让学生在估算建筑面积、计算剩余藤条长度、求解围栏面积等活动中,加深对周长和面积概念的理解与辨析,也增强了解决实际问题的能力和应用意识。第1题中,学生需要运用创造性思维,找出估算建筑总面积的最有效方法,在思考的过程中再次感受了面积的内涵。第3题中的竞赛设计和第4题中的纸盒探究,提供了具体而有趣的情境,激发了学生的学习兴趣,同时也发展了他们动手操作的能力。

（三）角度的测量（第二学段）

作业目标

1. 会比较角的大小。
2. 能辨认平角和周角。
3. 会用量角器测量角的大小。
4. 能用直尺和量角器画出指定度数的角。

核心素养

1. 量感：在实际生活中感受角的大小，提高几何直观、空间想象的感悟。
2. 空间观念：能够根据物体特征抽象出几何图形。
3. 推理意识：从一些事实出发，依据规则推出其他结论的能力。

作业设计

1. 时钟是我们生活中的必需品，在钟表里有我们今天学习的角度测量知识。请思考并回答：

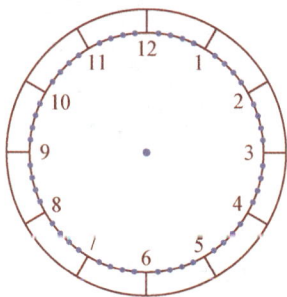

（1）钟面上的时针每小时走（　　）度。

（2）钟面上的分针每分钟走（　　）度，每小时走（　　）度。

（3）早上 7 时，小胖起床，此时时针与分针组成的角（较小的角）是（　　）度。

（4）下午 3 时，小胖正在校园里进行体育锻炼，此时时针与分针组成的角（较小的角）是（　　）。

（5）钟面上（　　）时，小胖在家吃晚饭，此时时针和分针组成的角是平角。

（6）中午（午夜）十二点时，钟面上时针和分针形成的角是（　　）角。

2. 动手折一折，能否用一张不规则纸折出平角、直角、锐角和钝角？根据下面的提示，动手试一试吧！

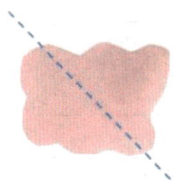
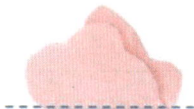

3. 在不使用量角器的情况下,你能估计这些角分别对应的度数吗? 用线连一连。

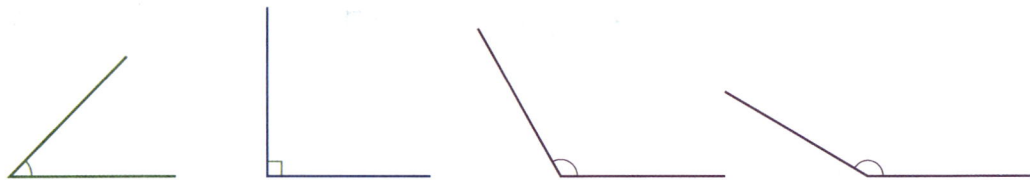

    A. 90°   B. 150°   C. 120°   D. 45°

4. 三角尺是学习的好帮手。将两把三角尺拼在一起,可以拼出不同的角度,例如下图中的 45° + 60° = 105°。

(1) 你能用两把三角尺拼出其他的角度吗?

(2) 试着把两把三角尺叠起来,其中有一条边要重合,仔细观察,你是否找到了更多的角度?

5. 请借助直尺、量角器将下面这两个三角形中的三个角依次叠加在一起,且顶点重合。比较两个作图结果,说说你发现了什么。

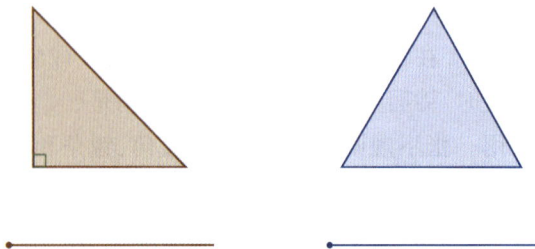

我的发现:_____

作业展示

第4题

（1）你能用两把三角尺拼出其他的角度吗？

75°

30°+45°=75°

105°

60°+45°=105°

120°

30°+90°=120°

135°

90°+45°=135°

150°

60°+90°=150°

180°

90°+90°=180°

（2）试着把两把三角尺叠起来，其中有一条边要重合，仔细观察，你是否找到了更多的角度？

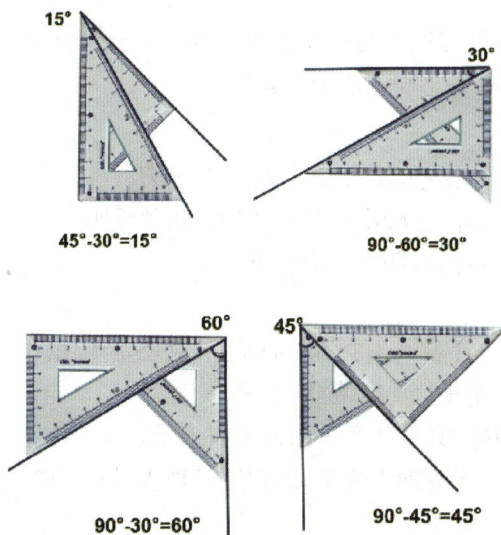

15°

45°-30°=15°

30°

90°-60°=30°

60°

90°-30°=60°

45°

90°-45°=45°

查看更多

作业评价

角度的学习主要在二年级和四年级两个阶段,学生经历了从生活实际物品中抽象出角,到根据角的本质特点,理解角的大小只与角的开合程度有关,与角的两条边长短无关,再到学会使用量角器实际测量角的度数,学习角的标记和角度的计算,对角的认识螺旋上升。第1题考查学生对钟面与角度相结合的问题的掌握情况,明确时钟与圆一样,是"半径将一个圆周分成360等份,每一份是1°",钟面上共有12大格,每一大格是30°,三大格是90°。第2题让学生用一张不规则纸折出平角、直角、锐角和钝角,考查学生的量感,让学生在动手中加深对角的实际大小的认识。第3题继续加强对角的量感,同时培养学生的推理意识。第4题在此基础上进一步加强学生的推理意识与在数学思维中的有序思考,锻炼学生思考问题的全面性。第5题画一画中,学生通过探究发现三角形内角和为180°的奥秘,用已有的知识解决问题,是数学思想的体现。

（四）质量（第二学段）

作业目标

1. 能够使用简单的工具比较物体的轻重。

2. 在真实情境中,合理利用等量的等量相等进行推理。

3. 进一步体会克与千克,理解并掌握克与千克之间的进率关系:$1\,\text{kg}=1\,000\,\text{g}$。

核心素养

1. 量感:对于数与数量、数量关系及运算结果的直观感悟。

2. 推理意识:从一些事实出发,依据规则推出其他结论的能力。

3. 数据意识:对数据的意义和随机性的感悟。

4. 应用意识:有意识地利用数学的概念、原理和方法解释现实世界中的现象与规律,解决现实世界中的问题。

5. 模型意识:对数学模型普适性的初步感悟。能够认识到现实生活中大量的问题都与数学有关,有意识地用数学的概念与方法予以解决。

作业设计

1. 准备身边的学习用具:铅笔、橡皮、尺、固体胶、剪刀。

(1) 你能用课上学到的方法比较出这些物体的轻重关系吗?

(2) 你能用几种方法比较出这些物体的轻重关系?

2. 看图回答问题:

(1) 请思考,哪个单位适合表示3个苹果的质量,克还是千克。

(2) 如果4个梨比3个苹果轻140克,一个苹果有多重?

(3) 根据图中显示的数据,计算托盘上的篮子有多重。

(4) 为了环保,用承重3千克的纸袋子,能把这三种水果打包带走吗?

400 g

2 kg

440 g

630 g

3. 小熙想知道一次性使用的环保塑料袋在不同重量下是否会破裂,于是设计了一个环保塑料袋的承重能力测试实验。

准备材料:

√ 一些相同品牌的环保塑料袋(如垃圾袋)

√ 一个家用秤

√ 一些不同质量的物体(如书本、水果等比较容易称重的实物)

实验步骤设计如下:

(a) 第一次测试:将一个已知质量的物体(如书)放入塑料袋中,然后用秤测量整个塑料袋和物体的总质量,并记录下来。

(b) 第二次测试:继续加入另一个已知质量的物体放入塑料袋中,再用秤测量整个塑料袋和两个物体的总质量,并记录下来。

(c) 第三次测试:以此类推,继续在每次测试中增加不同质量的物体,直到塑料袋破裂为止。每次测试后都要记录下塑料袋承载的总质量。

为了记录每次测试时塑料袋所承载的物体质量,小熙制作了一张统计表。

实验次数	装入物体总质量 (单位:千克)	塑料袋是否破裂 (是/否)

(1) 请你动手来实践一下这个实验吧,并将每次的实验结果填入上表中。

(2) 关于这个问题,你的结论是什么?

（3）小熙的这个实验设计是否合理？在实践的过程中你做了哪些改进或优化？说说你的想法。

作业展示

第3题

实验次数	装入物体总质量 （单位：千克）	塑料袋是否破裂 （是/否）
1次	2千克300克	否
2次	3千克100克	否
3次	6千克800克	否
4次	7千克100克	是

（1）请你动手来实践一下这个实验吧，并将每次的实验结果填入上表中。

（2）关于这个问题，你的结论是什么？

答：我发现了我的塑料袋最大承受的重量是6千克800克。

（3）小熙的这个实验设计是否合理？在实践的过程中你做了哪些改进或优化？说说你的想法。

答：不合理，我在实验过程想到应该面积小的放在下面，防止面积小的物体扎破塑料袋。

查看更多

作业评价

克与千克的使用常见于学生的日常生活，是发展学生量感的重要载体，正如这份作业所呈现的，量感需要学生在现实生活中体验并获得。第1题让学生使用简单的工具比较物体的轻重。第2题中，学生通过观察、思考，利用已内化的知识解决生活中轻与重的实际问题，并进一步理解、掌握克与千克之间的进率关系。第3题中，学生充分将已掌握的知识与生活实际结合，在实验中观察、思考、归纳，在思考中将实验不断优化，有意识地利用数学的方法解决现实生活中的问题，在探究中获得知识，锻炼解决问题的综合能力。

（五）体积（第二学段）

作业目标

1. 能说出体积单位立方米、立方分米和立方厘米，并进行单位换算，能选择合适的单位描述实际问题。

2. 能对容积单位升、毫升进行单位换算，并选择合适的单位描述实际问题。

核心素养

1. 量感：对于数与数量、数量关系及运算结果的直观感悟。

2. 空间观念：对空间物体或图形的形状、大小及位置关系的认识。

3. 运算能力：根据法则和运算律进行正确运算的能力。

4. 应用意识：有意识地利用数学的概念、原理和方法解释现实世界中的现象与规律，解决现实世界中的问题。

5. 创新意识:主动尝试从日常生活、自然现象或科学情境中发现和提出有意义的数学问题。

🔍 **作业设计**

1. 请你读一读小胖写给表姐的信,利用学习过的关于体积的知识将信的内容补充完整。

亲爱的表姐:

　　你好!很久没有见到你了,最近学习生活怎么样?我非常想念你。说什么好呢?我先跟你讲讲我的学习情况吧!

　　我的校园生活非常快乐,学校里有丰富多彩的活动,最近学习了关于体积的知识,我知道了常用的体积单位有(　　　)、(　　　)、(　　　)。很厉害吧,我能用字母表示体积单位了!

　　家里一切都好。我的爸爸今年买了一辆货车,车厢可大了,是一个(　　),我猜它的体积可能有 10.5(　　)。家里还换了一台新的微波炉,(　　)大约是 20(　　)。周末,我经常和爸爸妈妈下飞行棋,掷骰子决定谁先走,骰子是一个(　　),不过骰子的体积太(　　)了,大约是 1(　　)。

　　表姐,就先聊到这吧,保重身体哟!

　　此致

敬礼!

　　　　　　　　　　　　你的表弟:小胖

　　　　　　　　　　　　2024 年 3 月 10 日

2. 小胖的爸爸是一名货车司机,每天负责为家电城送货。小胖爸爸的货车车厢尺寸如下图所示:

（1）车厢铁皮厚度大约是 1 厘米，请问车厢最多可以装多少立方米的货物？

（2）今天要送的电器有 4 台对开门冰箱、4 台电视机、5 台烤箱、3 台洗衣机和 5 台空调，电器的外包装尺寸如下所示。请问：

① 小胖爸爸一趟能把货运完吗？为什么？

② 如果不能一趟运完，请你帮忙规划如何装运，才能最快把货运完。

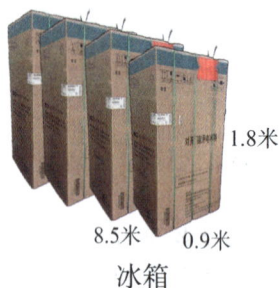

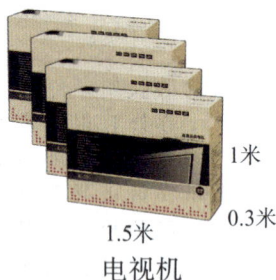

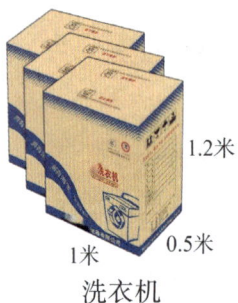

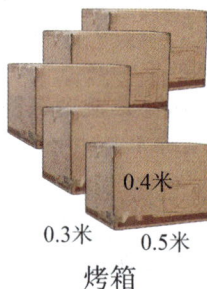

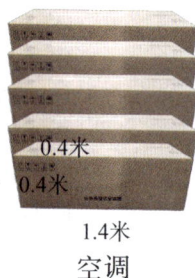

1.8米
8.5米 0.9米
冰箱

1米
1.5米 0.3米
电视机

1.2米
1米 0.5米
洗衣机

0.4米
0.3米 0.5米
烤箱

0.4米
0.4米
1.4米
空调

3. 生活小实验。小丁丁想测量石头的体积，但是家里只有最大刻度为 500 毫升的量杯，且这块石头比量杯要高。

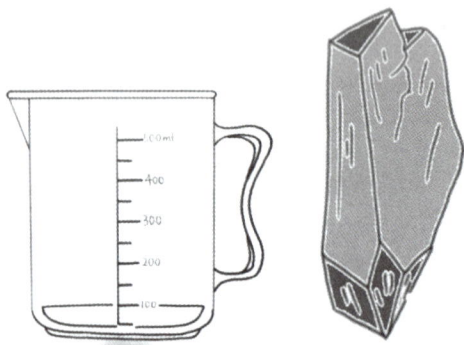

（1）请你帮小丁丁想一想该如何测量石头的体积。写出实验操作步骤。

（2）小丁丁还想知道如何计算不规则形状物体的体积，你能给他一些建议吗？

（3）想一想，物体的体积和它的质量之间有什么联系吗？如果有一个物体的体积增加了，它的质量会发生什么变化？为什么？

4. 输液是医院里常见的治疗方式。护士通过调整输液器滴速，让药物持续而稳定地进入病人静脉，以补充体液、电解质或提供营养物质。

护士需要计算输液的滴速,即每分钟的滴数(D,单位:滴/分钟)。所用到的公式为 $D = \dfrac{dv}{60n}$,其中:

d 为点滴系数,即每毫升药液中包含的滴数,单位:滴/毫升(mL);

v 为药液的体积,单位:毫升(mL);

n 为输完一瓶药液需要持续的小时数。

(1)护士想把注射时间延长一倍。请描述当 n 加倍而 d 和 v 不变时 D 是如何变化的。

(2)护士还需要根据滴速 D 计算输液量 v。如果以每分钟 50 滴的速度给病人输液 3 小时,且这种药液的点滴系数是 25 滴每毫升,请计算药液的体积是多少毫升。

🔑 作业展示

第4题

(1)护士想把注射时间延长一倍。请描述当n加倍而d和v不变时D是如何变化的。由于时间变成原来的2倍,点滴系数和药液的体积不变,那么D(每分钟的滴数)减少一半。

(2)护士还需要根据滴注速率D计算输液量v。如果以每分钟50滴的速度给病人输液3小时,且这种药液的点滴系数是25滴每毫升,请计算药液的体积是多少毫升。

$$D = \frac{dv}{60n}$$
$$50 = \frac{25V}{60 \times 3}$$
$$25V = 50 \times (60 \times 3)$$
$$25V = 50 \times 180$$
$$25V = 9000$$
$$V = 9000 \div 25$$
$$V = 360 \ (mL)$$ 答:药液的体积是 360mL。

查看更多

🔑 作业评价

这份作业的内容均来自实际生活情境,鼓励学生用数学的思维来思考现实世界。学生在数学活动中学习和感悟体积的意义,并在掌握量单位的基础上进行简单的推理,由此解决实际问题。第1、2题通过"小胖的信"创设情境,串联"体积""立方厘米、立方分米、立方米""长方体与正方体的认识"之间的联系。题目设计与实际生活相结合,让学生感受到数学知识与生活的紧密联系。学生根据情境分析填入合适的信息,发展空间观念、数据分析观念。通过选择正确的数据,并且考虑铁皮厚度计算车厢的容积,巩固长方体体积的计算方法,同时练习计算和数据分析能力。再通过能否一次将货运完这一问题,让学生先用估算的思想进行初步判断,提升数据分析观念。最后通过分配货物,发展应用意识。第3题测量不规则物体的体积,这个问题激发学生探究欲望,学生在思考如何测体积的过程中回忆起所学的相关知识——容积与体积,包括容积与体积的单位,如何进行单位转换,容积与体积的联系与转化。学生还可以通过实验验证自己的方法,通过绘画梳理自己的思路。

第三节　图形的位置与运动

新课标中的"图形的位置与运动"领域涵盖了以下主要内容:定点的位置,图形的平移、旋转、轴对称。学生需要在实际情境中判断物体的位置,同时也要通过数对表示平面上点的位置,以提升空间观念和应用意识。

学生在学习过程中将抽象化地体验图形在现实生活中的运动,认识到平移、旋转和轴对称的特征,感受到图形运动前后的变化与不变,从而培养出对数学之美的感知,同时形成坚实的空间观念和几何直观。这些教学要求反映了几何学习的重要目标:操作与欣赏相结合。例如,学生(尤其是三年级学生)通过镶嵌、平铺和多连方块等活动,发展几何图形的组合能力。这种活动突出了图形在形状、特征、性质(如对称性、可拼嵌性、可拆解性)以及关系(如相似性)等方面的多样性,既让学生获得直观的经验,又激发了他们积极思考,提高分析问题的能力。此外,与前部分静态地研究图形不同,这部分的学习是从运动与变化的角度去探索和认识图形与几何的性质,学生将能够掌握"运动"这一基本数学思想。例如:平面图形的平移和旋转是一种"合同运动",即形状和大小不发生改变,只是位置发生变化,而平面图形的缩放则属于"相似运动"。这些理念将有助于学生更好地理解和应用数学概念。

（一）方位（第二学段）

🔍 作业目标

1. 能根据指定参照点的具体方向和距离描述物体所处位置。

2. 能在熟悉的情境中,描述简单的路线图。

3. 能在方格纸上用有序数对(限于自然数)确定点的位置,理解有序数对与对应点的关系。

🔍 **核心素养**

1. 数感:对于数与数量、数量关系及运算结果的直观感悟。

2. 几何直观:建立形与数的联系,构建属性问题的直观模型。

3. 应用意识:有意识地利用数学的概念、原理和方法解释现实世界中的现象与规律,解决现实世界中的问题。

🔍 **作业内容**

1. 下面几幅图中表示的是出租车在城市间的行驶路线,网格线代表马路。如果道路行驶规则为只能保持向右移动或向下移动,不能向左、向上或对角线移动,请问:

(1) 在下图 2×2 网格中,出租车从 A 点行驶到 B 点有多少条不同的路径?在图上画一画,说一说。

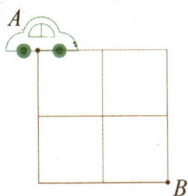

(2) 在以下 3×3 网格和 4×4 网格中,出租车从 A 点行驶到 B 点分别有多少条不同的路径?

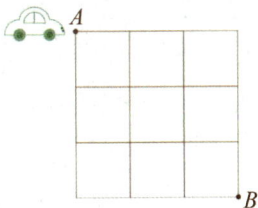

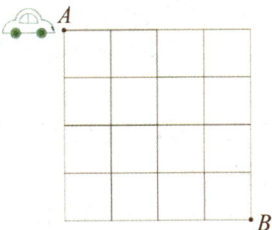

(3) 在 3×4 网格中,出租车从 A 点行驶到 B 点有多少条不同的路径?

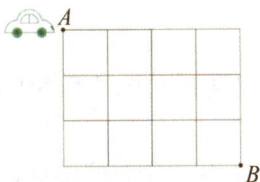

（4）通过对前面问题的思考，你发现了哪些规律？请说一说。

2. 故宫是中国明清两代的皇家宫殿，是世界闻名的文化遗产。假期里，小熙打算和家人一起游览故宫，为了更好地规划游览路线，她提前在手机上查阅了地图。

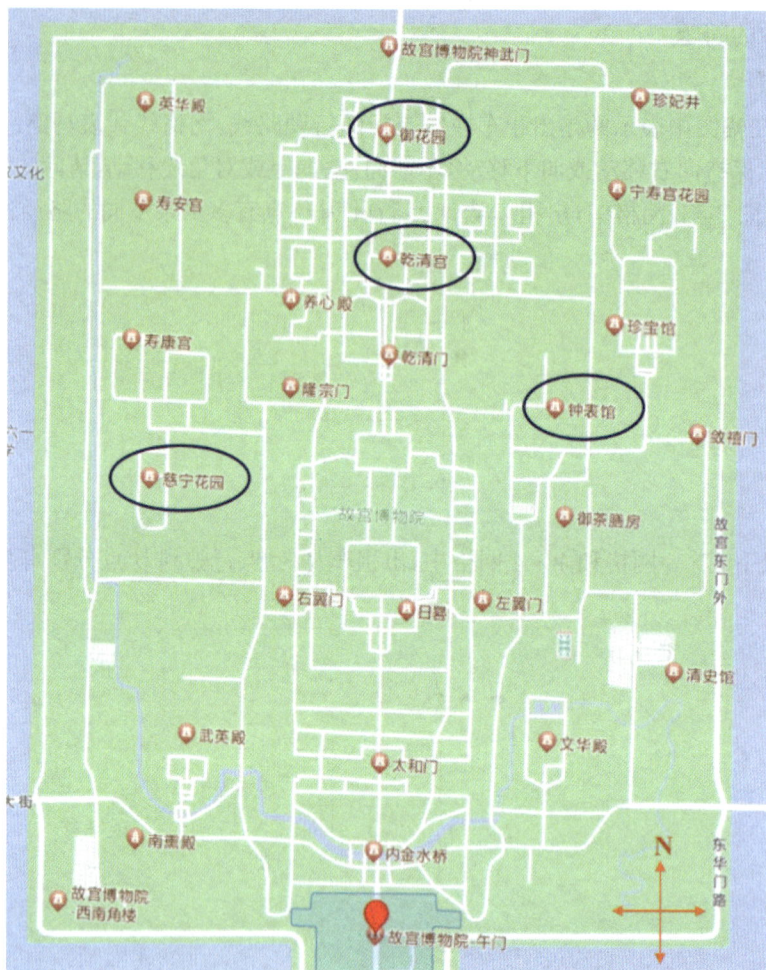

（1）如地图所示，故宫形似一个长方形，南北长 961 米，东西宽 753 米。请问故宫的周长是多少米？故宫的占地面积大概有多少？

（2）如果小熙所处的位置是故宫的入口——午门，请在括号内填入相应的方位：

① 乾清宫在她的（　　　）；

② 钟表馆在她的（　　　）；

③ 慈宁花园在她的（　　　）；

④ 御花园在珍宝馆的（　　　）。

（3）从午门到乾清宫的步行距离是 954 米，小熙的步行速度大约是 4 千米/小时，请问走完这段观光路程需要几分钟？

（4）小熙一家在游览完珍宝馆后，想去御花园游览，请说说她们可以走的路线。可以在地图中画出路线示意图,说一说方向和途中的主要参照物。

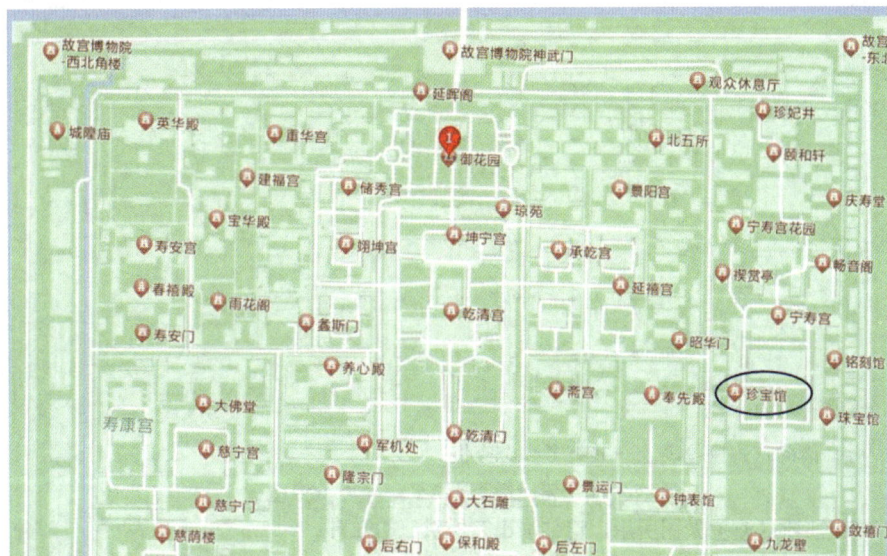

3. 下图是阳光小学三(5)班的座位表,共有 5 组 7 排。小熙的座位在第 3 组的第 4 排,对应的数对是(3,4)。

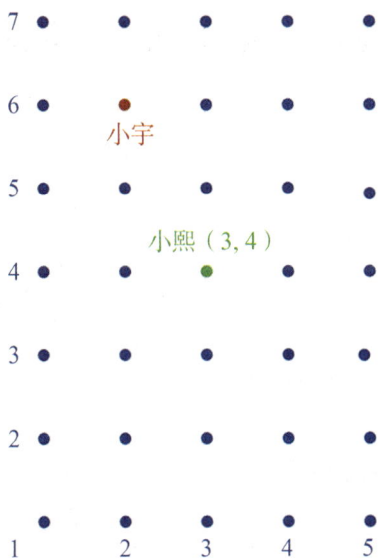

(1) 请问这张座位表上一共有多少个座位?

(2) 小宇的座位如图所示,请你写出它所对应的数对。

(3) 菲菲的座位是(1,5),她可能坐在哪里?请在座位表中标记出来。

(4) 试着做一张你所在班级的座位表,标记你和好朋友的座位,并写出它们对应的数对。

作业展示

第3题

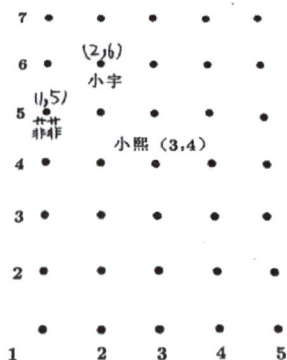

(1) 请问这张座位表上一共有多少个座位?

5×7=35(个) 答:这张座位表上一共有35个座位。

(2) 小宇的座位如图所示,请你写出它所对应的数对。

(3) 菲菲的座位是(1,5),她可能坐在哪里?请在座位表中标记出来。

(4) 试着做一张你所在班级的座位表,标记你和好朋友的座位,并写出它们对应的数对。

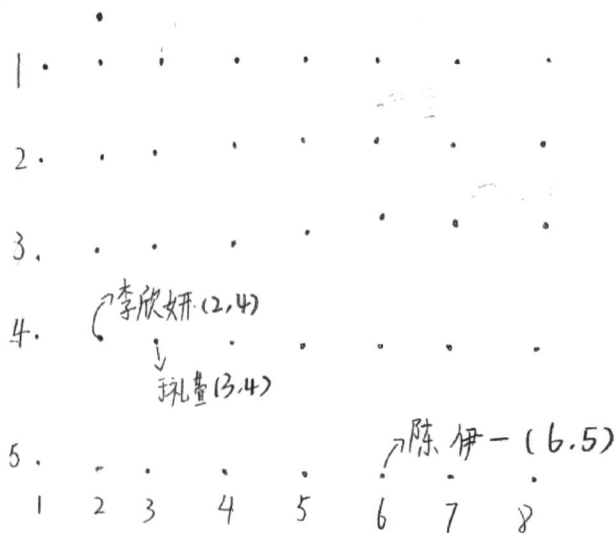

李欣妍(2,4)

执量(3,4)

陈伊一(6,5)

查看更多

作业评价

第1题中,学生需要辨别上、下、左、右的方位来选择向右和向下移动的路径,在2×2、3×3、4×4、3×4的网格中分别找到不同的路径,格数越多,难度越大,考验学生有序思考的思维能力和推理意识。在做题过程中,学生先尝试按照题目要求,按顺序一个个画出每一条路径,在这个过程中发现有很多线会使用很多次,这种方法让人根本分不清路径。所以学生尝试用彩铅区分线条,发现离起点越接近颜色越多,起点的这些路会重复经过很多遍。受到这个启发,学生开始按顺序数小正方形上每个节点路径的数量,发现到了节点后会根据上一个节点路径的数量有规律地增加,按照规律填好了2×2的网格。接着在更大的网格中按规律填写,发现在正方形网格中每个节点路径的数量按斜对角线对称,并且同一个小正方形中下一个节点路径的数量是相同小正方形路径的数量之和。学生在已有经验的基础上,从有序观察到用数字抽象记录出路径数量,一步步探索出最终的结果。

第2题锻炼学生结合地图上的指南针,识别东、南、西、北的方位,根据东、南、西、北的方向确定位置。学生观察生活中的地图,发现很多时候建筑物之间的相对位置不是在正方向上的,并在知道上北、下南、左西、右东的基础上尝试写出斜方向的方位名称。第(3)问要求学生在计算时间时关注单位的变化,先进行单位换算,再进行计算。最后一问更加开放,有多种行走路线。

学生还没有学习过数对、坐标等概念,所以第3题需要学生根据题目尝试理解。但好在数对的含义在表示位置时十分直观,所以对于会举一反三的学生来说并不困难。

（二）垂直与平行（第二学段）

作业目标

1. 能够找到几何图形中互相垂直的两条边,并用规范的语言表达垂直。

2. 能够利用点子图上的点画出已知直线的垂线,并用符号表示垂直关系。

3. 理解垂直与平行在方位中的实际应用,能发现:如果两个城市之间的距离是东西方向的,则它们位于同一条纬线上,即与赤道平行;如果两个城市之间的距离是南北方向的,则它们位于同一条经线上,即与赤道垂直。

4. 能根据图形特点找到互相平行和互相垂直的线。

5. 会用不同方法画平行线,并能说出生活中的平行与垂直现象。

6. 能够运用所学平行线之间距离的知识按要求画平行线,并考虑到不同情况。

7. 利用"垂直于同一条直线的两条直线互相平行"来验证是否平行,知道两组对边是否平行不能仅依靠视觉,而必须经过严格的验证才行。

8. 会用多功能三角尺画已知直线的垂线和平行线。

核心素养

1. 符号意识:能够感悟符号的数学功能。

2. 几何直观:运用图表描述和分析问题的意识与习惯。

3. 应用意识:有意识地利用数学的概念、原理和方法解释现实世界中的现象与规律,解决现实世界中的问题。

🔍 **作业内容**

1. 想一想，我们已经认识了哪些简单的平面几何图形。

（1）哪些几何图形中有互相垂直的两条边？

（2）正方形上有几组垂线？请你任选其中的一组说一说，并说出这组垂线的垂足是什么。

（3）取一张正方形纸，想一想除了问题（2）中的垂线以外，还能折出多少组互相垂直的折痕？动手折一折。

2. 在地球仪上，你可以看到一条条纵横交错的线，这就是经纬线。连接南北两极的线，叫经线。和经线相垂直的线，叫纬线。纬线是一条条长度不等的圆圈。

（1）经线和纬线中，（ 　　 ）之间是互相平行的关系。

（2）地球仪上最长的纬线又被称为"赤道"。请找到赤道，并说一说在赤道附近有哪些国家。

（3）在地图上标记出相对位置是东西方向的两个城市或国家。

（4）在地图上标记出相对位置是南北方向的两个城市或国家。

3. 下图是由两个正方形组成的。

（1）在这个图形中有几组线段是互相平行的？

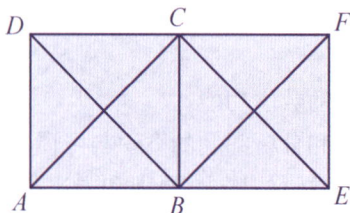

（2）互相垂直的线段有几组？请在图中标记出来。

（3）仔细观察点图中的线段，你能在图上画出它们的垂线吗？

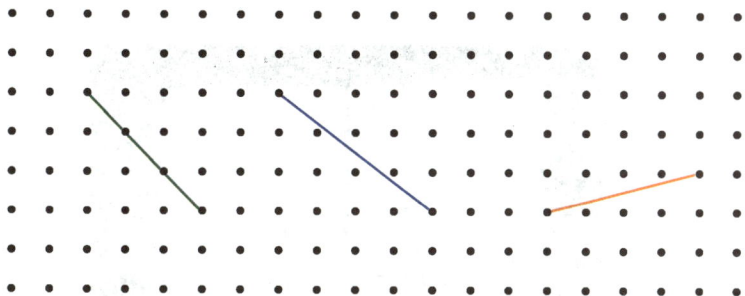

4. 直线 a 平行于直线 b，并且直线 a 与直线 b 之间的距离为 4 cm，直线 c 也平行于直线 b，并且直线 c 与直线 b 之间的距离为 5 cm。

（1）请试着画出这三条直线。

（2）说一说直线 a 与直线 c 之间的距离是多少厘米。

（3）你能想出几种画平行线的方法？

（4）说一说生活中垂直与平行的现象。

5. 请仔细观察下面三幅图片。请问：

（1）以下图形中的直线互相平行吗？

（2）你是如何验证的？说说你的验证过程。

6. 请利用多功能三角尺在右边的长方形中画出左边的图像，说一说你的画图思路。

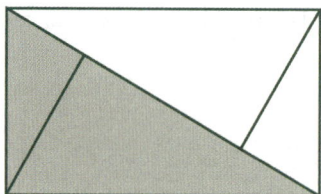

作业展示

第1题

查看更多

作业评价

这份作业包含了动手操作、说理以及基础的跨学科应用。例如，第1题让学生在实践中发现正方形中可以折出无数互相垂直的折痕，积累了关于垂直概念的经验。第2题引入了地理学科中的基本概念经线和纬线，因学生已有"坐标"概念基础，能借此进一步理解垂直、平行等几何概念的实际应用。第3题为点图中的直线画垂线，难度更上一层，这三条线直观上都不是横平竖直的，需要学生调取生活经验和操作验证。第6题通过一个开放式的题目，鼓励学生探索垂线与平行线的多种画法。

（三）平移与旋转（第二学段）

作业目标

1. 能在实际情境中，辨认出生活中的平移现象。

2. 利用生活中的现象理解平移，形成空间观念。

3. 能在方格纸上描述图形的位置，能辨别和想象简单图形平移、旋转后的图形。

4. 能画出简单图形沿水平或垂直方向平移后的图形，以及旋转90°后的图形。

5. 能借助方格纸，了解图形平移、旋转的变化特征。

6. 对给定的简单图形，能用平移和旋转的方法在方格纸上设计图案，并能说出设计图案与简单图形的关系。

核心素养

1. 几何直观：运用图表描述和分析问题的意识与习惯。

2. 空间观念：对空间物体或图形的形状、大小及位置关系的认识。

3. 推理意识：从事实出发，依据规则推出其他结论的能力。

作业内容

1. 观察并思考下面的活动中哪些属于平移，哪些属于旋转，哪些既不属于平移也不属于旋转，请分别填写在（　　）中。

（1）小熙在公园使用下图器材健身。（　　）

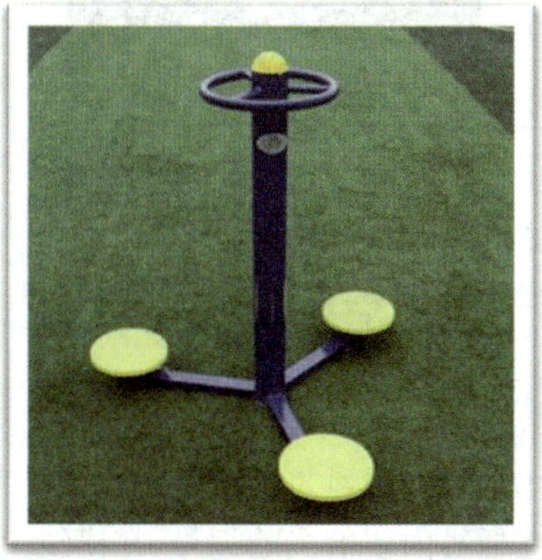

（2）使用下图器材进行坐位体前屈测试。（　　）

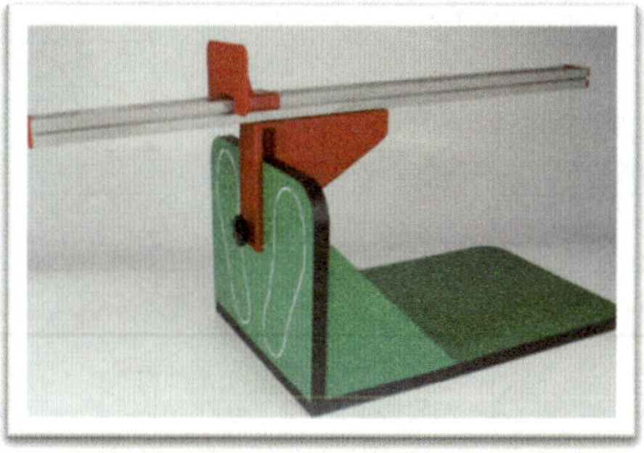

（3）小玲玩三国华容道。（　　）

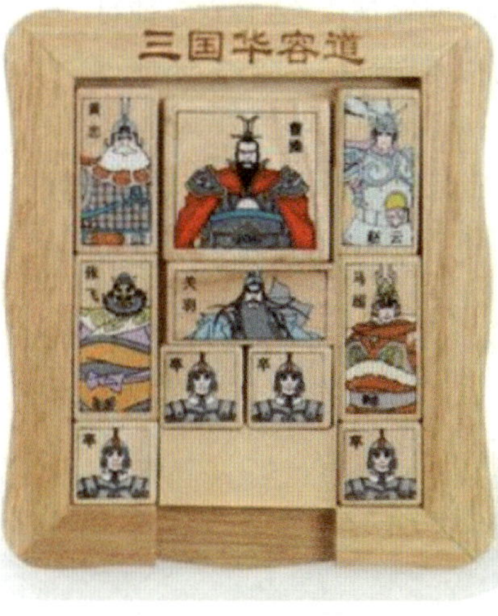

（4）节拍器的摆动。（　　　）

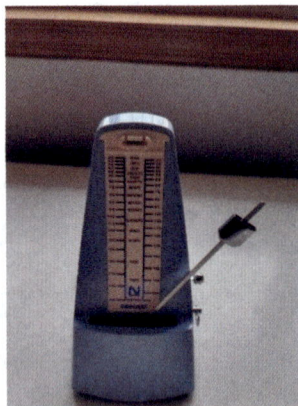

2. 小熙跟伙伴们玩益智游戏，把图1中两个方块通过平移或旋转移动到 A、B 两处（如图2），伙伴们想还原这两处的图形，对下列8幅图形进行了思考和配对。

（1）请完成"方案一"。（在括号内填恰当的编号，在横线上填写"平移或旋转"）

（2）请按照"方案一"的格式写出多种不同的变换方案。

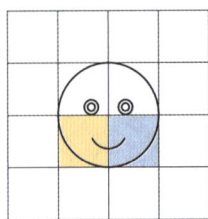

图1　　　　　　　　　　　图2

（1）　（2）　（3）　（4）　（5）　（6）　（7）　（8）

方案一：

　　　　A 处可以是图形（　　　），它是通过＿＿＿＿＿得到的；

　　　　B 处可以是图形（　　　），它是通过＿＿＿＿＿得到的。

方案二：

方案三：

方案四：

方案五：

（3）请利用平移或旋转的方式，在方格纸上设计美丽的图案。

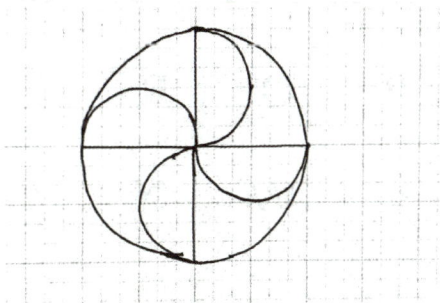

🔍 **作业展示**

第2题

（3）请利用平移或旋转的方式，在方格纸上设计美丽的图案。

查看更多

🔍 **作业评价**

　　这份作业展示了生活中的平移和旋转现象，学生在辨别两者的过程中加深了对这两种几何概念的理解，感受到不同的运动特征在现实世界的应用。而益智游戏这个问题，要求学生通过平移或旋转来还原给定的图形。这不仅激发了学生的几何思维能力，还增加了任务的趣味性和学生的参与度。此外，作业鼓励学生寻找多样性和创造性解决问题的方法，从而提高了他们的几何直观和推理意识。这种综合性的设计有助于学生更深入地理解和应用几何概念，使数学学习更加有趣和有意义。

（四）轴对称（第二学段）

🔍 作业目标

1. 能在实际情境中，辨认出生活中的轴对称现象。

2. 知道轴对称图形的对称轴，能在方格纸上补全轴对称图形。

3. 对给定的简单图形，能用轴对称的方法在方格纸上设计图案，并能说出设计图案与简单图形的关系。

🔍 核心素养

1. 几何直观：运用图表描述和分析问题的意识与习惯。

2. 空间观念：对空间物体或图形的形状、大小及位置关系的认识。

3. 推理意识：从事实出发，依据规则推出其他结论的能力。

🔍 作业设计

1. 找一找、画一画。

（1）在 26 个大写英文字母中，你能否找到轴对称图形？动笔画一画吧！

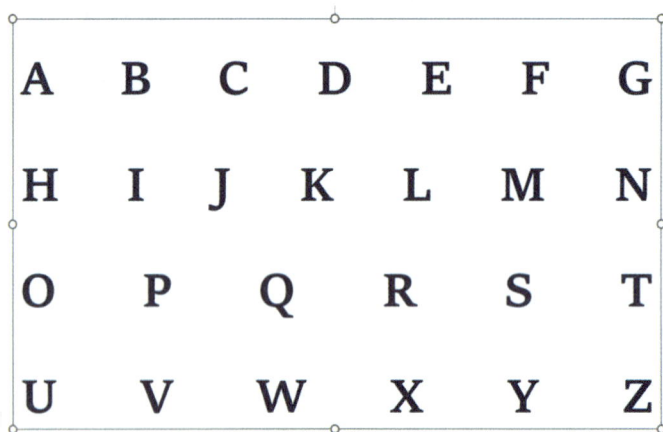

（2）请画出下列图形的对称轴，看看你能画出多少条。

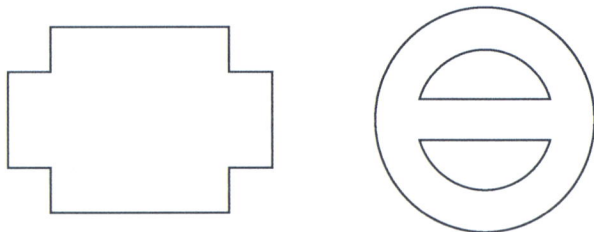

（3）如果以下图四边形中的任意一条边作为对称轴,可以画出多少个轴对称图形? 快来试试看吧!

（4）拿起笔来画一画,设计出属于自己的轴对称图案。

2. 生活中有许多物体都有对称性,例如,下面展示的车辆的标志和建筑物。请在你的身边找一找具有对称性的物体,并用相机或画笔把它们记录下来吧。

3. 剪纸作为中国的国粹之一,不仅是一种民间艺术,也是世界艺术宝库中的一种珍藏。每逢喜庆的节日,特别是过年的时候,人们都会剪纸贴窗花。而在剪纸的过程中,经常会用到数学中的对称。

(1) 仔细观察下面的剪纸作品,说说你找到了哪些对称元素。

(2) 下面介绍了 4 瓣窗花的剪纸步骤,请同学们拿出一张纸,一起动手试试吧!

4 瓣窗花剪纸步骤

a. 让彩纸正面朝上,沿对角线对折;

b. 沿中线再一次对折;

c. 沿中线进行第三次对折,形成了八折的状态;

d. 让开口部分朝上,在折好的纸上画上两笔,呈现半个花瓣图案;

e. 沿着画好的纹样剪下来;

f. 展开剪好的彩纸,四个花瓣的窗花便剪好了。

(3) 4 瓣窗花的剪纸方法你学会了吗?快来创作一幅属于你自己的个性剪纸作品吧!

作业展示

第1题

(1) 在26个大写英文字母中,你能否找到轴对称图形? 动笔画一画吧!

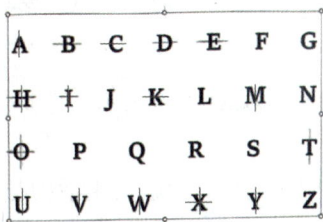

(2) 请画出下列图形的对称轴,看看你能画出多少条?

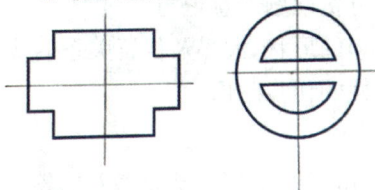

(3) 如果以下图四边形中的任意一条边作为对称轴,可以画出多少个轴对称图形? 快来试试看吧!

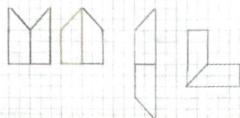

(4) 拿起笔来画一画,设计出属于自己的轴对称图案。

查看更多

作业评价

　　这份作业以动手操作为主,充分考虑了学生的需求和兴趣,通过寻找轴对称的大写英文字母、画出图形的对称轴、创作轴对称图案等任务,帮助学生在实际操作中感受轴对称的概念,发展对其的理解和应用,并培养了他们的观察力和创造力。同时,作业还将数学与实际生活、艺术相结合,引入了中国传统文化中的剪纸艺术。学生通过观察剪纸作品和动手制作剪纸作品,直观体会轴对称性在艺术中的应用,感受到数学的美。

（五）缩放（第三学段）

⚲ 作业目标

1. 通过观察前后图形的变化,加深对比和比例的理解,并总结图形的缩放与周长、面积的变化规律。

2. 了解图形的缩放,并能利用所学知识,解决生活中与放大和缩小相关的问题。

⚲ 核心素养

1. 几何直观:运用图表描述和分析问题的意识与习惯。

2. 空间观念:对空间物体或图形的形状、大小及位置关系的认识。

3. 模型意识:对数学模型普适性的初步感悟。

⚲ 作业内容

1. 下图中有一个长 6 cm、宽 4 cm 的长方形。请思考并回答:

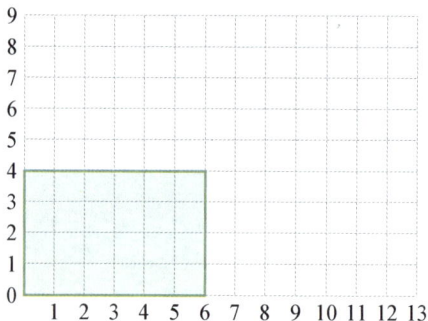

（1）将上图的长方形按照 1:2 比例缩小,画一画缩小后的图形。

（2）将上图的长方形放大至原来的两倍,画一画放大后的图形。

（3）观察图中缩小和放大后的图形,它们是什么形状?

（4）通过上面的尝试,我们发现,将图形按照一定的比例缩小或放大后,（   ）发生了变化,（   ）不变。

（5）缩小后的长方形长、宽各是原来的几分之几? 周长呢? 面积呢?

2. 周末的早上,小熙去户外写生。她发现一棵高约 10 米的大树。为了将大树画在画本上,她决定使用适当的比例进行缩放。

（1）假设小熙选定的缩放比例为 1:50,请计算她绘制在画本上的树的高度是多少?

（2）小熙书包里带了四种画纸,画纸的尺寸如下图所示,分别为:

A4:297 mm×210 mm

A5:210 mm×148 mm

16K:260 mm×188 mm

32K:188 mm×130 mm

请问小熙画这棵树至少要选择多大的画纸？

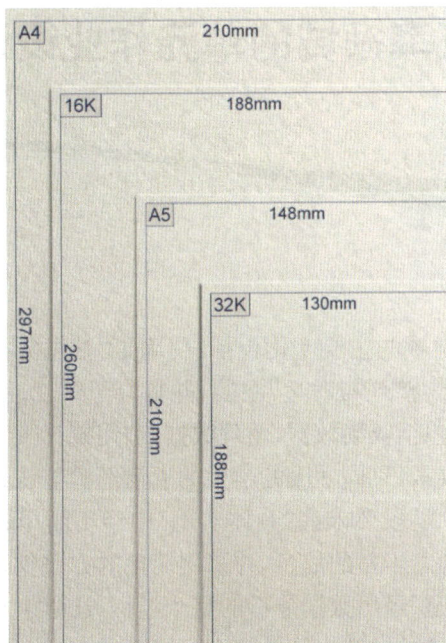

（3）除了大树，小熙还将树旁的一栋小房子也画了出来，画中的它大约有 6 厘米高。你能算出这栋小房子的实际高度吗？

（4）图形的缩放在日常生活中应用广泛，你还能举出更多生活中用到缩放的例子吗？

作业展示

查看更多

作业评价

学生对于"缩放"概念的认知难点主要包括：相似性的理解——需要理解缩放过程中图形的相似性，即形状不变但大小发生改变，需要学生具备一定的几何直观能力；比和比例关系理解——需要理解缩放是按比例进行的，即图形的每条边都以相同的比例缩放；单位转换——在很多缩放的实际问题中，常常需要进行单位转换，如将长度单位从米转换为毫米，需要掌握不同单位之间的转换关系，并能够准确地进行计算。这份作业以问题解决为主，按比例绘制缩小和放大的图形，让学生直观感受图形的相似性，并通过计算得出缩放后的图形与原图形的周长和面积之间的关系。通过实践操作，学生能够深入理解缩放概念。户外写生练习的问题涉及单位换算和推理，帮助学生将数学知识应用到实际生活中。这样的设计不仅激发了学生的兴趣，还让他们在解决实际问题时能够灵活运用所学知识。

第四章
统计与概率领域的单元作业设计

　　新课标中统计与概率领域的主要变化包括：明确了"数据分类"主题，将"简单数据统计过程"主题改为"数据的收集、整理与表达"主题，并贯穿于第二、第三学段中，这一主题主要围绕数据分析的过程展开，包括收集数据，整理数据，利用统计图表、平均数和百分数等表达数据。数据是统计的基本要素，不同学段的学生的生活经验与认知发展存在差异，相关内容学习要求也有所不同。第二学段要求在"具体实例"中经历简单数据分析的过程，让学生在具体实例中感受数据中蕴含着丰富的信息，并采用简单的方法整理和表达数据及其特征；第三学段则要求根据"实际问题"经历数据分析的整个过程，让学生在实际情境中收集数据，并采用合适的方法整理和表达数据，解决简单的实际问题。在统计图方面，第二学段主要要求用条形统计图与平均数来描述数据的基本特征，认知过程比较简单，而第三学段增加了折线统计图、扇形统计图以及百分数来刻画数据特征，认知过程相对复杂。这几种统计图都是直观描述数据的重要方法，且各具特色。条形统计图可以直观呈现不同类别数据量的多少；折线统计图不仅能够呈现不同类别数据量的多少，还能反映数量的增减变化；扇形统计图可以直观呈现不同类别数据数量在整体中的占比情况，并用百分数表示。因此，学习中要让学生充分认识各种统计图的特点，能根据不同的实际情况选择恰当的统计图，引导学生理解选择哪种统计图对数据进行表征是没有对错之分的。

　　"随机现象发生的可能性"主题主要分布在第三学段中，主要是对不确定现象的定性描述。教学内容主要包括：一是通过实例认识到生活中有哪些事情的发生是不确定的，不确定的事件中可能发生的不同结果的可能性是有大有小的；二是初步学会根据所有可能发生的情况，正确判断某种结果发生的可能性大小。渗透随机思想是"随机现象发生的可能性"教学的核心。学业要求上加入了"能在真实情境中理解百分数的统计意义"。百分数的本质是两个数量倍数关系的表达，不仅可以表达确定的数据，也可以表达随机数据。因此，新课标将百分数的内容置于统计与概率领域，一方面将其作为表达统计量的形式，另一方面更多地将其应用于随机数据的表达中，这可以让学生初步感受数据的随机性，为决策提供依据。

　　本书将小学阶段统计与概率的学习分为五个大单元：数据分类与统计表、条形统计图、折线统计图、平均数和随机现象发生的可能性。统计学作为一门社会应用类学科，广泛地应用于生活中的各种实际情境，因此统计与概率的教学不能仅仅是理论知识的传授，还应更加紧密地聚焦于生活中的事物、现象和问题。这种聚焦使得学习者能够深入了解统计学作为一门社会科学的现实意义，透过数学的视角去探究其中的内在规律与关联，同时对生活中复杂现象进行解析与理解,是用数学的视角理解社会现象的重要途径,这也有助于培养学生关注社会现象、关心国家大事的良好习惯,为他们未来的学习和成长奠定坚实的基础。

第一节　数据分类与统计表

　　数据分类是信息分析的基础,是根据信息对事物分类。数据分类可分为两个层次:一是对事物分类,即在一组事物中把具有相同属性的事物作为一类,例如对生活中的物体、数、图形等进行分类,属于比较初级的层次;二是对通过调查等获取的数据分类,即通过调查研究或实验探索活动,收集数据然后进行分类。数据分类的学习虽然设置在第一学段,但是该主题的相关内容贯穿于整个统计与概率领域,由于多数学生在学前阶段已经有对事物进行分类的活动经验,在第一学段以数据分类为切入点,有助于学生顺利进入统计与概率领域的学习。因此可将第一学段数据分类主题的教学目标定位于帮助学生从一般意义的事物分类过渡到统计学中的数据分类。此外,数据分类也是数据整理的基础,比如绘制条形统计图、折线统计图、扇形统计图以及计算百分数等的第一步必须是数据分类或分组;将分类后的数据整理成统计表的过程,能够使学生进一步认识数据的分类。数据分类涉及将对象或事物分组,发展学生了解对象属性和特征的能力。计数则涉及对物体、事件或群体进行数量上的测量和描述。这些基本数学概念为学生理解和应用概率与统计的概念和方法提供了基础。

（一）数据分类与统计表（第一学段）

🔍 作业目标

1. 能依据图形的外部特征进行分类,找到图案中具有相同特征的图形,并记录数量。
2. 了解分类和分类标准的关系,能够根据给定的分类标准对图案进行分类。
3. 在使用表格填写分类计数结果的过程中,形成初步的数据意识。
4. 对数据进行简单的分析,作出合理的决策。
5. 通过动手操作,形成学习数学的兴趣以及独立思考的学习习惯。

🔍 核心素养

1. 几何直观:感知各种几何图形及其组成元素,依据图形特征进行分类。
2. 创新意识:主动尝试从日常生活、自然现象中发现和归纳数学问题。
3. 抽象能力:通过对现实世界中的空间形式的抽象,得到数学研究对象。
4. 数据意识:通过在表格中对图形种类进行分类和计数,形成初步的数据意识。
5. 运算能力:明晰运算的对象和意义,根据运算法则进行正确运算。

🔍 作业内容

有趣的拼搭游戏

小丁丁在旅行中看到了以下场景:

在场景中他发现了三角形、正方形……于是他用学过的图形拼出了以下图案：

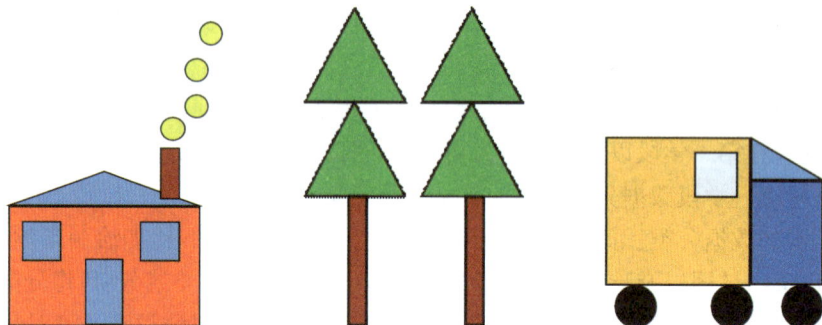

(1) 说一说，小丁丁拼出了哪些东西，使用了哪些图形。

(2) 数一数，上图中每种图形的数量是多少。你还发现了哪些图形？继续画在表格里，并数一数这种图形的数量是多少。

图形种类	□	△		
个数	（　　）个	（　　）个	（　　）个	（　　）个

(3) 在这些图形中，小丁丁使用的(　　　)形最多，(　　　)形最少。

(4) 算一算，一共用了(　　　)个平面图形。

(5) 请你联系生活中的物体，用几何学具拼出或画出你想要的图案，并说说这是什么。说说你用了哪些图形，分别有几个。

🔍 作业展示

查看更多

🔍 作业评价

对事物进行分类首先考查的是学生的观察能力，即通过观察，头脑中输入了大量的数据，在分析的过程中将其整理成有序的形式。这份作业适用于第一学段的一年级，基于学生幼儿园时期已有的对事物进行分类的经验,向统计学中的分类计数过渡,引导学生在观察不同图形拼搭成的图案过程中,辨别图形的共性和区别,根据某一类特征进行分类,并尝试用表格形式进行整理和记录分类的结果。在学生的作业展示中,我们可以看到:有的学生从具有相同特征的图形入手,拼出的图形形状比较单一;有的学生考虑到生活中的事物与图形之间的特征关联,将其抽象成了多种几何图形。学生能根据已有的生活经验,用图形设计、拼搭各种图案,形成初步的几何直观素养和创新意识。

通过分类和计数的练习,可以培养学生观察、组织和分析数据的基本技能,为将来更深入的概率与统计学习打下坚实基础。为低年级的学生布置动手操作,如拼图、绘画等类型的作业活动,可以让他们将头脑中想象的画面呈现出来,对发展空间观念和几何直观有很好的促进作用。

（二）数据分类与统计表（第一学段中的二年级）

🔍 作业目标

1. 能发现事物的多元特征并制订多元分类标准,依据标准对事物分类。
2. 了解分类与分类标准的关系,形成初步的数据意识。

🔍 核心素养

1. 数据意识:感悟数据的意义,知道在现实生活中,有许多问题可以调查研究。
2. 推理意识:能根据一定标准和依据进行分类,初步形成逻辑表达。
3. 几何直观:利用图表分析实际情境与数学问题。

🔍 作业内容

我是能干的小帮手。

瞧,桌上散落着一些纽扣。

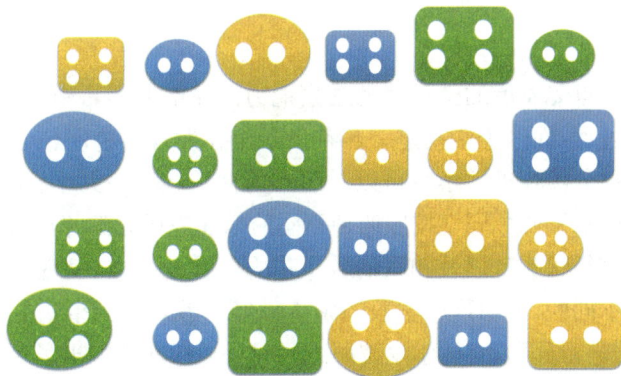

（1）仔细观察,这些纽扣有哪些不一样的地方。

（2）想一想,可以按照什么特征来给这些纽扣分类。

（3）请你帮助妈妈给这些纽扣分分类。（可以把这些“纽扣”剪下来,动手分类）

🔍 **作业展示**

(1) 仔细观察，这些纽扣有哪些不一样的地方。
   <u>这些纽扣不一样的地方有:颜色、大小、孔数形状。</u>

(2) 想一想，可以按照什么特征来给这些纽扣分类。
   <u>可以按照颜色、大小、孔数、形状,来进行分类。</u>

(3) 请你帮助妈妈将这些纽扣分类。
   （可以把"纽扣"剪下来，动手摆一摆。）

查看更多

🔍 **作业评价**

　　对事物进行分类首先发展的是学生的观察能力。在前期学习中,学生已经经历了对事物进行简单分类的过程,而这个活动进一步帮助学生在发现事物所包含的多维特征的过程中进一步制订出多种分类标准。学生可以对纽扣的性质、颜色、大小、扣眼的数量等特征进行数据整理。这里展示了四个同学按照四种不同的标准进行分类并记录下来的过程。他们分别将纽扣的大小、形状、颜色以及扣眼的数量作为分类的标准,发现在不同的分类标准下分类的结果可能是不同的,说明这个学段的学生已经能够观察到事物的特征并制订分类标准,依据标准对事物进行分类,有的学生按照不同的分类标准还得出了不止一种结果。学生也能用语言简单地描述出分类的过程。从作业完成情况来看,达到阶段学业要求。除了个别作业纽扣摆放比较凌乱,大部分分类作业中的纽扣摆放有序,使人对分类结果一目了然。这个作业有利于培养学生把握事物特征、抽象事物共性的能力。

第二节　条形统计图

条形统计图的学习主要分布在小学阶段的第二、第三学段。在此之前，多数学生已经学会用简单的方式，如图画、文字、表格等，来描述数据了，并能根据统计表提出简单的问题，同时加以解决，建立了初步的统计概念。本主题旨在让学生认识条形统计图，并根据统计图进行简单的数据分析。小学中高学段，学生的思维水平正处于从形象思维到抽象思维的过渡时期，他们有强烈的求知欲和好奇心，这些都是学习的内部动机；同时，在统计、概率等社会应用性较强的知识领域中，生活实践是一条重要的学习路径，实际测试、收集数据、得出结论的过程，提供学生自己观察，并且获得实证证据的机会，这样的亲身体验可以帮助学生将抽象的数学概念与实际情境联系起来，并培养他们的观察力和批判思维能力。基于这些因素，可侧重设计需要学生动手操作、观察和思考现实生活的作业活动，以及需要调查社会现象的长周期作业。

（一）条形统计图（第二学段）

作业目标

1. 能够读懂及解释条形统计图中的信息。
2. 分析数据中蕴含的信息，用数学语言准确表达自己的想法。
3. 根据条形统计图中的信息作出科学判断和合理决策。

核心素养

1. 量感：对事物的可测量属性及大小关系进行直观感知。面对真实情境的真实问题，选择合适的度量单位进行度量。

2. 数据意识：知道在现实生活中，有许多问题应当先做调查研究，收集数据，感悟数据蕴含的信息。

3. 创新意识：主动尝试从日常生活、自然现象或科学情境中发现和提出有意义的数学问题。勇于探索一些开放性的、非常规的实际问题与数学问题。

作业内容

1. 动物的弹跳能力。

下面是一份科学家对不同动物弹跳能力的研究统计图。

（1）从图中你读懂了哪些信息？

（2）你觉得以下哪种动物的弹跳力最强？说说你的理由。

（3）选做题：你的家里有宠物吗？比如猫咪或小狗？试着让它们也来做一做弹跳能力试验，看看它们最多能跳多高。将你获得的数据画在这张统计图上。你有什么发现吗？

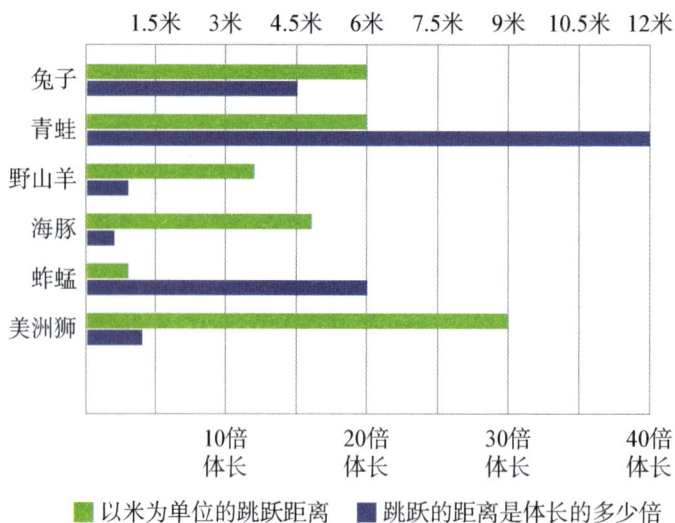

■ 以米为单位的跳跃距离   ■ 跳跃的距离是体长的多少倍

2. 停车场管理员。

下面这张条形统计图显示了今天在某购物中心多层停车场停放的汽车数量。每层最多可容纳 64 辆汽车。

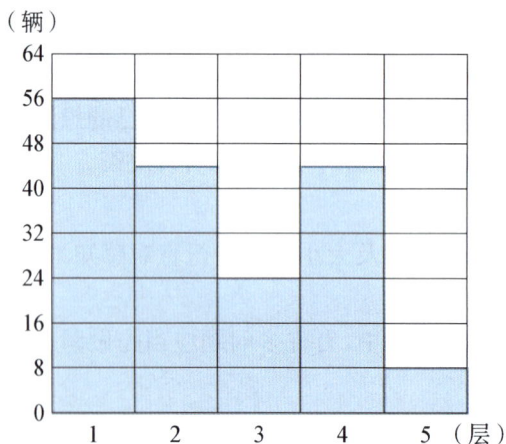

（1）你看懂这张条形统计图了吗？一格表示多少？

（2）回答下列问题：

① 哪一层停放的车辆最多？停了多少辆？

② 哪两层停放的车辆数是一样的？

③ 一层比三层多停放了多少辆车？

（3）又有 20 辆车开进了停车场。请在图表上表示这些汽车,尽可能将它们停放在最低楼层,并说明你这样停放的理由。

作业展示

第1题

- 以米为单位的跳跃距离
- 跳跃的距离是体长的多少倍

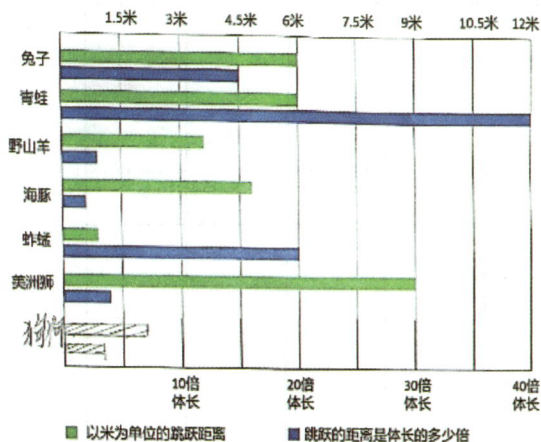

(1) 从图中你读懂了哪些信息？

我读懂了它们分别跳跃的距离和与它们的体长有多少倍。

(2) 你觉得上述哪种动物的弹跳力最强？说说你的理由。

我觉得青蛙跳跃能力最强因为它的距离是它的体长40倍，显然它的弹跳能力最强。

(3) 你有宠物吗？尝试着让你的宠物也来做一做弹跳能力试验，在统计图上画一画。你有什么发现吗？

我发现，狗狗虽然跑得快，但是它的弹跳能力不是很强。

第 2 题

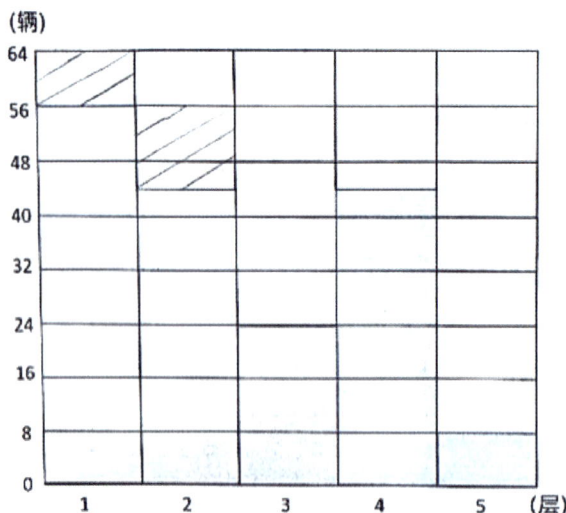

(1) 哪一层停放的车辆最多？停了多少辆？

答：一层停放的车辆最多，停了56辆。

(2) 哪两层停放的车辆数是一样的？

答：二层和四层停放的车辆数是一样的。

(3) 一层比三层多停放了多少辆车？

答：一层比三层多停放了32辆车。

(4) 又有 20 辆车开进了停车场。请在图表上表示这些汽车，尽可能将它们停放在最低楼层，并说明你这样停放的理由。

答：先把一层停满，剩下的12辆停二层，二层停得下，不用停三层。

查看更多

🔍 **作业评价**

第 1 题结合了阅读统计图和实际测量，综合地考查了学生对统计相关知识的理解与运用情况。题目中的这张条形统计图用不同的颜色显示出每一种动物所对应的两个属性"跳跃距离"和"跳跃的距离与自己体长的倍数关系"，即展示了两个统计维度。这对于大多数三年级的学生来说在认知上具有一定的挑战性。学生通过完成这项作业，意识到在现实生活中，有许多问题应当先做调查研究，收集数据，对这个话题有兴趣的同学会尝试用家里的宠物，如小猫、小兔子等，进行试验，通过开展测量活动得到宠物跳高或跳远的长度。这份作业很好地体现了统计图学习的路径，即学生通过亲自测量、收集和分析数据，获得完整的活动经验，更好地理解统计图表的含义和作用。测量并绘制统计图，观察不同动物之间的弹跳能力和身体长度的倍数关系，可以加深学生对统计概念的理解，也会在一定程度上提高学生发现问题、提出问题、设计实验、收集数据并进行解释的能力。

第 2 题主要考查了学生对条形统计图的认知能力以及相关的计算与推理能力，需要学生对数据进行分析和判断：横坐标的数据表示楼层数，纵坐标的数据表示车辆数；横轴的单位长度为 1，纵轴的单位长度为 8。学生主要会经历以下四个数学心理和思维过程：首先是对数据的理解和解读，学生需要理解横坐标和纵坐标的含义，并知道如何将这些数据与问题联系起来。这个过程中需要注意单位长度的含义，以确保对数据的解读和计算的准确。其次是数学思考与逻辑推理,学生需要根据统计图中的数据进行推理,并从中得出合理的结论。这包括比较不同数据之间的差异,寻找趋势和规律,以及根据已有信息作出推测和预测。再次是在运算和数学操作方面,学生需要运用合理的计算方法进行数据分析和解决问题,并将计算过程和推理步骤清晰地呈现出来。最后是解释和沟通方面,学生对他们的结论给出合理的解释,使用正确的数学术语和语言来描述他们的观察和推理,使得他人能够理解和验证自己的思考过程。从书上及二维码展示的作业中可以看到,学生都能读懂数据,正确回答条形图所对应的信息。在回答"一层比三层多停放了多少辆车"的问题时,第一份作业直接通过观察直条相差的格数得知结果;第二、三份作业则使用合理的计算方法,正确计算出结果。两种方法都可以对条形统计图的数据进行分析。在最后一个问题中,前两份作业都认为应该先把一层停满,再让剩下的车辆停到二层去。第三份作业则认为因为这些车辆正好把二层停满,所以选择了全部停在二层。

（二）条形统计图（第二学段）

作业目标

1. 知道统计项目的分类在现实生活中的应用。能够在参与活动中学会对事物分类。

2. 依据分类标准,收集数据,感悟数据蕴含的信息。知道同样的事情每次收集到的数据可能不同,即数据的获取带有随机性,而只要有足够的数据就可能从中发现规律。

3. 引导学生用数学语言表达和记录数据分类(数据赋值、数据分段)的过程。

4. 知道同一组数据可以用不同的方式表达,需要根据问题的背景选择合适的方式。

5. 根据统计后的数据进行预测、判断、做出决策,进而创造性地、高效率地解决问题。

核心素养

1. 数据意识:对数据的意义和随机性的感悟,知道在现实生活中,有许多问题应当先做调查研究,收集数据,感悟数据蕴含的信息。

2. 数据观念:知道数据蕴含的信息,需要根据问题的背景和所要研究的问题确定数据收集、整理和分析的方法。

3. 应用意识:有意识地利用数学的概念、方法和原理解释现实世界中的现象和规律,解决现实世界中的问题。

作业内容

节约用纸小卫士

据资料显示,我国每年仅造纸一项就要消耗成千上万的木材,造成严重的环境污染。节约用纸是一种节能活动,少用一些纸,就能少砍一棵树、少污染一吨水。

低碳生活,保护环境,从节约每一张抽纸开始。请调查家庭用纸情况,将调查结果用统计图表的形式表示出来。(抽纸以 100 抽/包为标准,仅限于卫生抽纸、厨房抽纸、餐巾纸)

(1)数据分类收集——如何有效收集家庭用纸数据?

(2)数据整理、展示——如何清晰分析家庭用纸情况?

思考:条形统计图包含哪些元素?结合收集的数据,讨论如何绘制条形统计图。

（3）绘制条形统计图并讨论：

① 比较统计图之间的相同之处和不同之处。

② 哪种更合理、更方便后期数据解读？

（4）通过对家庭用纸的小调查及绘制统计图，你对"节约用纸"有哪些建议？

🔍 作业展示

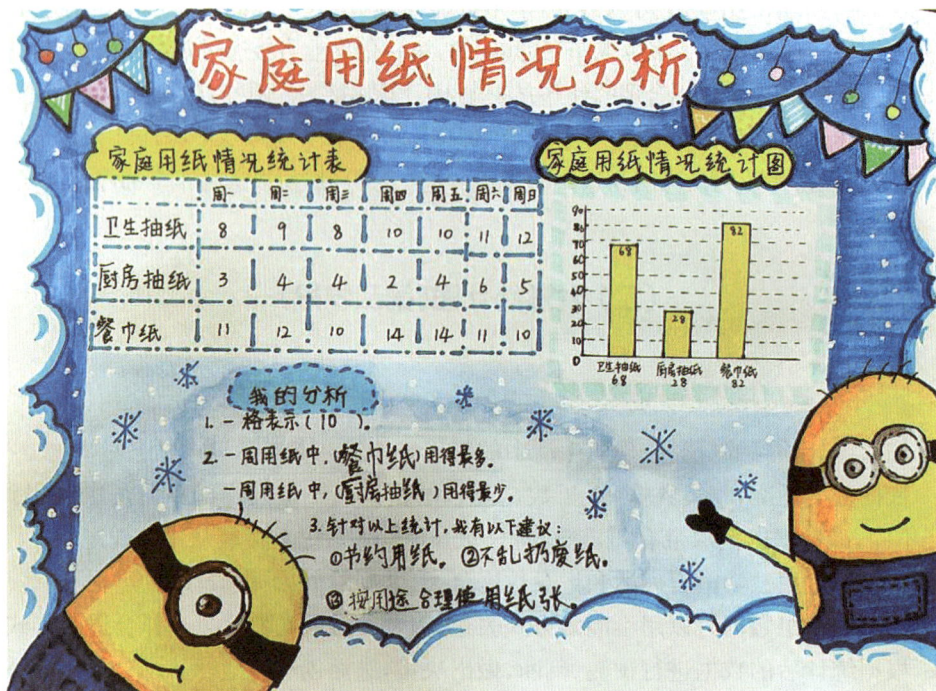

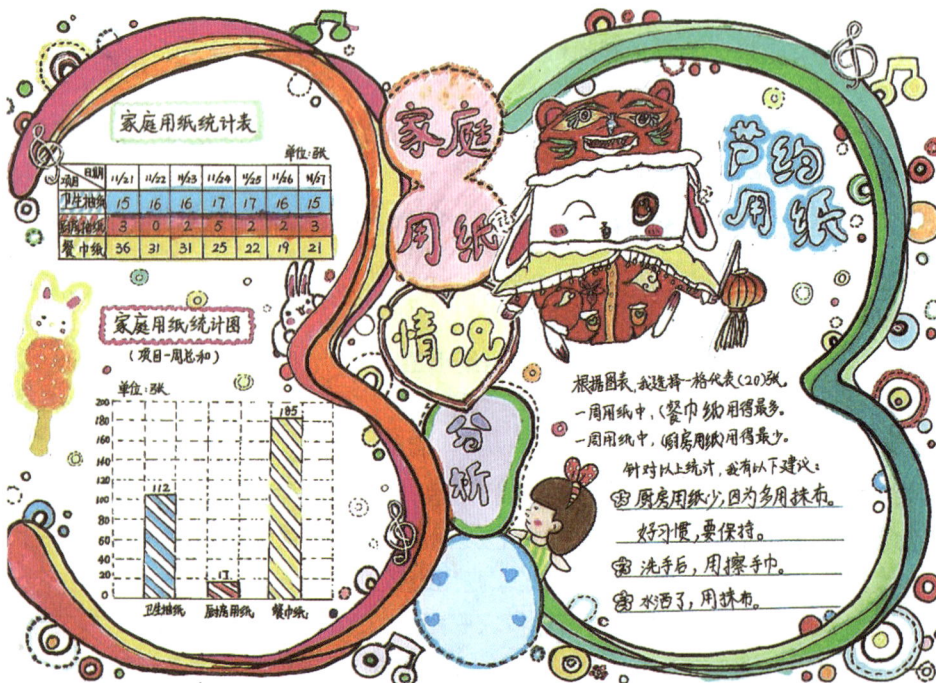

🔍 **作业评价**

　　这份作业属于数学与生活结合的综合实践类作业,其中一个主要目的是加深学生对节能环保议题的理解。学生通过收集自己家庭的用纸量获得基础数据,再借助统计表和条形统计图进行可视化的数据表达,积累了数学实践经验,很好地发展了数据意识。在分类表示数据后,通过观察与合理推测,说明了用纸量的差异及其所关联的现实意义。在生活中开展调查研究,收集、整理、分析数据,可以逐步养成用数据说话的习惯,提高对数据的敏感性,感受数据的力量,整个学习活动可以很好地增强学生的环境保护意识,树立节约资源与可持续发展的正确价值观。

第三节　折线统计图

　　折线统计图在呈现不同类别数据量多少的同时,也反映出其数量的增减变化,这是它与之前学习的条形统计图的不同之处。与折线统计图相关的学习内容主要分布在小学阶段的第二、三学段。新课标中的学业要求是能收集、整理具体实例中的数据,并用合适的方式描述数据,分析与表达数据中蕴含的信息。因此这部分的单元作业目标是引导学生能用折线统计图呈现相关数据,解释所表达的意义。

（一）折线统计图的认识（第二学段）

🔍 **作业目标**

　　1. 初步认识单式折线统计图,知道折线统计图的特点,会从折线统计图上读取"点"所表示的数量及初步了解"折线"的升降表示数量增减的变化情况。

　　2. 会看单式折线统计图,能够从单式折线统计图上获取数据变化情况的信息,能根据单式折线统计图回答简单的问题。

　　3. 体验折线统计图与现实生活的联系,体会折线统计图在生活中的作用,感受统计的价值。

　　4. 能够从折线统计图中发现数学问题,能够依据数据变化的特点进行合理的推测。

🔍 **核心素养**

　　1. 数据意识:知道同一组数据可以用不同方式表达,需要根据问题的背景选择合适的方式。

　　2. 推理意识:能够通过简单的归纳或类比,猜想或发现一些初步的结论。

　　3. 应用意识:引导学生关注生活中的数学现象,使学生在实际生活中感受到数学的重要性和实用性。

🔍 **作业内容**

我是收集小行家

　　从报纸、电视、互联网等媒体中收集生活中的折线统计图,根据数据变化情况,做一个简单分析或者说一说你的直观感受及建议。

为了更好地理解和分析这些数据,不妨与同伴或家长合作,共同探讨和研究这些折线统计图所反映的现象和问题。

图片粘贴处

我收集的折线统计图反映了_____

看了折线统计图,我想说:_____

_____

作业展示

2023年4月27日至5月4日上海迪士尼乐园客流量变化情况

我收集的折线统计图反映了 <u>五一期间上海迪士尼乐园客流量很大,其中4月30日最大,接近100000人。</u>

看了折线统计图,我想说: <u>如果大家假期想出去玩,建议在假期的开头和末尾去游乐园,避开高客流的时候。</u>

作业评价

从作业的目的来看,"我是收集小行家"的目标是让学生通过收集和分析数据,学习和掌握折线统计图的使用方法。不仅可以帮助学生提高数据收集和分析能力,还可以让他们更好地理解和解释数据,从而提高解决问题的能力。从作业的内容来看,"我是收集小行家"包含了一系列数据收集和分析任务。学生需要收集一些他们感兴趣的主题的数据,然后使用这些数据来对现实世界表达看法。这一任务不仅可以引导学生掌握折线统计图的使用方法,还可以让他们了解到数据的重要性和价值。

从作业的完成情况来看,大部分学生能够成功地完成这份作业。他们在收集和分析数据的过程中表现出了很高的热情和专注度,而且在表达折线统计图所反映的信息的过程中也展现出了很好的创新和实践能力。学生作业表现出以下三个层次。

层次一:学生能够从报纸、电视、互联网等媒体中收集生活中的折线统计图,并能正确理解和分析数据变化情况,能够清晰地描述出数据的变化趋势,对数据的波动和规律有一定的认识,分析和建议具有一定的参考价值。

层次二:学生能够收集生活中的折线统计图,但对数据的理解和分析能力较弱,不能清晰描述出数据的变化趋势,对数据的波动和规律认识不清,提出的分析和建议缺乏深度和广度,需要更多的指导和帮助。

层次三:学生能够收集生活中的折线统计图,但对数据的理解和分析能力非常弱,不能清晰地描述出数据的变化趋势,对数据的波动和规律几乎一无所知。

（二）折线统计图的画法（第二学段）

作业目标

1. 理解并掌握画折线统计图的一般步骤,能够把握折线统计图的范围与结构,选择合适的刻度。

2. 会依据折线统计图中数据变化的特点进行合理的推测,体会折线统计图在现实生活中的作用。

核心素养

1. 数据意识:知道同一组数据可以用不同方式表达,需要根据问题的背景选择合适的方式。

2. 推理意识:对逻辑推理过程及其意义的感悟。

3. 应用意识:引导学生关注生活中的数学现象,使学生在实际生活中感受到数学的重要性和实用性。

作业内容

$PM_{2.5}$ 大调查

你知道 $PM_{2.5}$ 是什么吗? 请你收集、记录上海市近期一周早上 7 时的 $PM_{2.5}$ 指数,并根据统计表画出折线统计图。

细颗粒物又称细粒、细颗粒、$PM_{2.5}$。细颗粒物指环境空气中空气动力学当量直径小于等于 2.5 微米的颗粒物。它能较长时间悬浮于空气中,其在空气中含量浓度越高,就代表空气污染越严重。虽然 $PM_{2.5}$ 只是地球大气成分中含量很少的组分,但它对空气质量和能见度等有重要的影响。与较粗的大气颗粒物相比,$PM_{2.5}$ 粒径小,面积大,活性强,易附带有毒、有害物质(例如,重金属、微生物等),且在大气中的停留时间长、输送距离远,因而对人体健康和大气环境质量的影响更大。

——本词条由"科普中国"科学百科词条编写与应用工作项目审核

日期							
PM$_{2.5}$ (微克/立方米)							

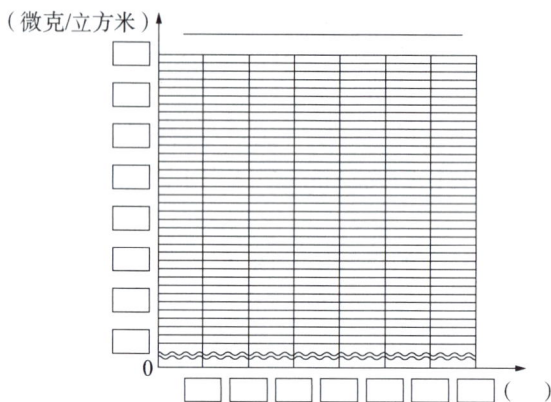

（微克/立方米）

0　（　）

根据你对 PM$_{2.5}$ 的理解和上面的折线统计图,谈谈你的想法:

_____

_____

🔍 作业展示

上海市4月26日至5月2日PM₂.₅指数调查表

日期	4/26	4/27	4/28	4/29	4/30	5/1	5/2
PM$_{2.5}$ (微克/立方米)	85	71	91	191	89	53	51

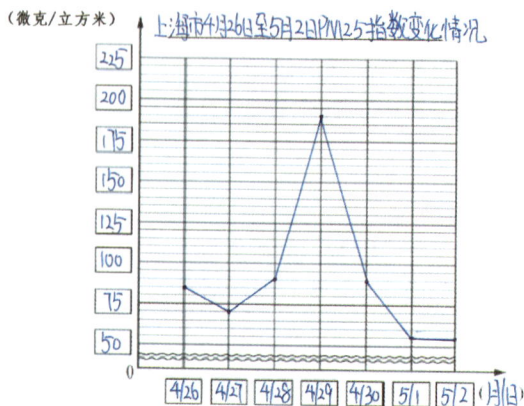

（微克/立方米） 上海市4月26日至5月2日PM2.5指数变化情况

根据你对PM₂.₅的理解和上面的折线统计图,谈谈你的想法:

4月8日至4月29日PM2.5大幅上升,最好不要出门,5月1日和5月2日PM2.5最少,说明外面空气清新,可以考虑出门。

查看更多

作业评价

作业主题是折线统计图的画法,这与课程内容紧密相关。这份实践性作业能够帮助学生更好地理解和掌握折线统计图的制作方法。这里提出了一个基于真实情境的研究问题——"PM$_{2.5}$大调查",要求学生收集、记录上海市近期一周早上 7 时的 PM$_{2.5}$ 指数,并画出折线统计图。这种任务设置既能激发学生的学习兴趣,又能培养他们的数据收集和分析能力。同时,这种任务设置既能检验学生对折线统计图的理解程度,又能培养他们的逻辑思维和解决问题的能力。

从学生的实践结果分析,我们可以将学生的表现主要分为两个层次。

层次一:在这个层次中,学生能够理解 PM$_{2.5}$ 的概念,并成功地收集到上海市近期一周早上 7 时的 PM$_{2.5}$ 指数,能够根据统计表整理出数据,并且正确地画出折线统计图,特别是双波浪线的正确使用。他们的分析和建议具有一定的深度和广度,能够反映出数据的变化趋势。

层次二:在这个层次中,尽管学生也能够理解 PM$_{2.5}$ 的概念,能成功收集到上海市近期一周早上 7 时的 PM$_{2.5}$ 指数,能够根据统计表整理出数据并绘制出折线统计图,但是他们无法使用双波浪线的功能合理地画出折线统计图。他们的分析和建议可能缺乏深度和广度,因此需要适当的指导和帮助。

（三）折线统计图的复习与整理(第三学段)

作业目标

1. 明确折线统计图的基本概念和用途。
2. 养成有条理地思考问题、学后反思的良好习惯。

核心素养

创新意识:利用思维导图整理"折线统计图的认识"单元内容,使学生的思维可视化。同时,学生在自制思维导图的过程中发现自己在知识掌握方面存在的问题,从而及时有效地对知识上的欠缺予以修正和补充,不断完善自己的知识结构。

作业内容

我是思维导图大师

请回忆并整理"折线统计图的认识"的内容,制作思维导图。

作业展示

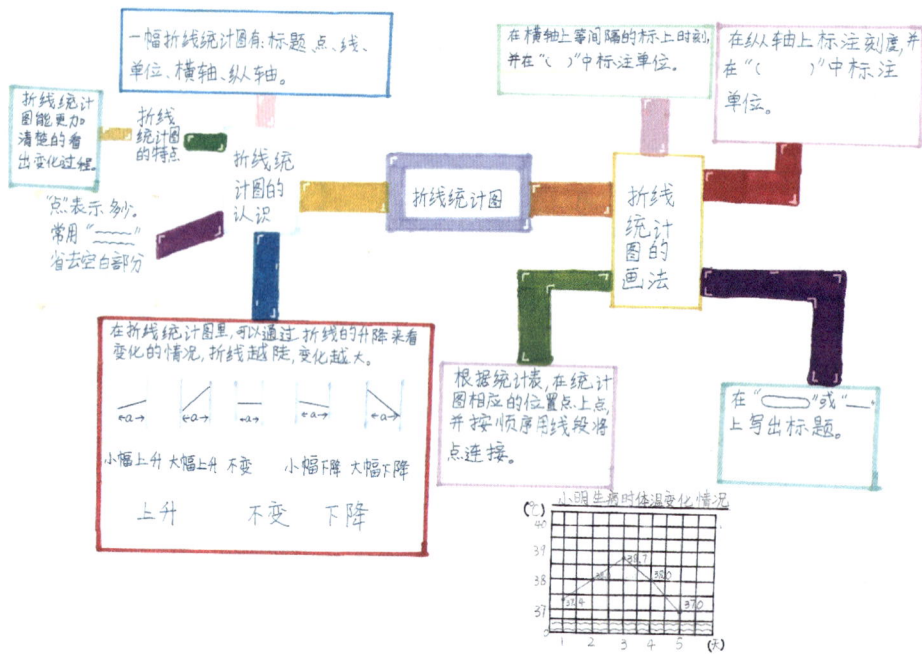

查看更多

作业评价

在复习与整理阶段,教师有责任引导学生进一步综合而全面地理解并掌握折线统计图,在大脑中建立完整的知识网络图式。

在梳理学习内容的基础上,教师鼓励学生制作思维导图。这个活动的目的是帮助学生更好地理清知识脉络,提高他们的理解和记忆能力。通过绘制思维导图,学生可以将复杂的信息简化为易于理解和记忆的视觉图像。这不仅可以帮助他们更好地记住所学的知识,而且还可以培养他们的创新思维。

同时,思维导图也可以激发学生的学习兴趣。当学生看到自己的思维过程被清晰地展示出来时,他们会感到自己的学习是有成果的,这将极大地提高他们的学习积极性和主动性。因此,教师在教学过程中应该充分利用这一工具,以提高学生的学习效果。

从绘制情况来看,大部分思维导图清晰明了,各个部分之间的关联也处理得很好。大部分学生在制作思维导图的过程中,展现出了良好的组织能力和创新思维。他们不仅将折线统计图的各个部分进行了分类,还通过颜色、形状等方式对各个部分进行了区分,使得整个思维导图更加清晰易懂。但是,也有部分学生在作业中出现了一些问题。例如,有些学生在制作思维导图时,没有将折线统计图的各个部分进行明确的标注,导致其他学生在查看作业时难以理解。此外,还有一些学生在描述折线统计图的特点时,表述不够准确,需要进一步改进。

第四节　平均数

新课标中关于平均数的具体要求是"知道用平均数可以刻画一组数据的集中趋势,知道平均数的统计意义;知道平均数是介于最大数与最小数之间的数,能描述平均数的含义;能用平均数解决有关的简单实际问题,形成初步的数据意识和应用意识",这不仅说明了平均数的教学要求,而且阐明了平均数的本质。因此学习中要从现实生活问题入手,让学生通过调查研究或实验探究,收集数据,体会平均数产生的必要性,知道平均数可以刻画数据的集中趋势和代表一组数据的"整体水平",培养学生的数据意识。

（一）平均数的计算（第三学段）

🔍 **作业目标**

1. 知道用平均数可以刻画一组数据的集中趋势,掌握平均数的计算方法,会计算平均数。
2. 知道平均数的取值范围,形成初步的数据意识和应用意识。
3. 使用部分平均数进行估算来解决实际问题。

🔍 **核心素养**

1. 数据意识:对数据的意义以及所蕴含的信息进行感悟。
2. 推理意识:对逻辑推理过程和意义进行感悟,对问题解决过程给出合理解释。
3. 模型意识:对数学模型的普适性有初步感悟。

🔍 **作业内容**

平均身高里的秘密

平均数问题就在我们的身边,这不,我们的卫生老师遇到了这样一个问题:某班男生平均身高 140 厘米,女生平均身高 142 厘米。全班学生平均身高是多少? 提供以下选项,请你做出选择并写一写选择的理由。

A.（140＋142）÷2＝141(厘米)。

B. 缺少条件,不能做。

C. 全班学生平均身高在 140 厘米～142 厘米之间,但不能确定。

🔑 金钥匙:

（1）补充什么条件,就能求出全班学生的平均身高?

（2）在什么条件下,算式 A 也是正确的? 你能用什么方法来证明?

（3）学习反思:回顾上面的题目及分析解答"求全班学生的平均身高"的整个过程,你有什么想法和启发?

🔍 **作业展示**

A.（140+142）÷2=141（厘米）。·······················（　　）

B. 缺少条件，不能做。·······························（　✓　）

C. 全班学生平均身高在140厘米～142厘米之间，但不能确定。······（　✓　）

> 选择B的理由：求平均数需要知道人数和总数，但是题目中没有。
>
> 选择C的理由：平均数是在所有数中最大的数和最小的数之间。
>
> 金钥匙：
>
> (1) 补上：男生和女生的人数
>
> (2) 当男生人数和女生人数相等时，算式A也是正确的。
>
> 假设：男和女各有2人，则他们的平均数为 $\frac{140\times2+142\times2}{4}$，化简后得出 $\frac{140+142}{2}$，和A项相同。
>
> (3) 我知道了当条件足够多，我们可以直接得出答案；但当条件不够多，我们也可以得出一个范围。

查看更多

🔍 **作业评价**

如何让学生积极深入地开展自主探究活动呢？

第一，在作业的设计上不给出所有所需的条件，如本题中男女生的人数，因为学生习惯于解答结构良好、条件明确、答案唯一的题目。

第二，先让学生调动自己的知识经验，用自己的思维方式独立思考、尝试解答，再出示学生解题中可能会有的各种情况供其选择，以引起学生的争议，展开深入的探究。

第三，教师引导学生进行探究。先从选项C着手，让学生说理（运用平均数概念做出判断；假设男女生人数，计算出平均数，进行举例例证）。再引发学生深入思考"在什么条件下，算式A也是正确的"，并让学生列举男女生人数相等的多个例子，鼓励学生尝试解答并多角度思考：运用"总数÷总份数＝平均数"的思想方法列式计算；运用平均数的概念，通过"移多补少"的方法求出全班学生的平均身高。双管齐下，不仅使学生对"平均数＝总数÷总份数"更加熟悉、巩固，而且在用"移多补少"的方法求平均数的过程中，直观形象地认识到：当各组数量不等时，不能把各组的平均数相加再除以平均数的个数来求平均数。

第四，引导学生进行反思，让学生回顾整个解题过程并谈体会，不仅使学生知道求平均数应用题的一般思考方法与特殊方法之间的关系，学会在普遍性原理指导下，从特殊性出发灵活地思考、解决问题，提高学生解决问题的能力，还让学生体会到，生活中的问题是复杂的，有时条件是不明确的，因此答案往往也是不确定的，必须对具体情况作具体分析。

在作业设计中加入结构不完整的数学问题对学生的数学学习有多方面的益处。首先，结构不完整的数学问题迫使学生从不同的角度思考和解决问题。这种练习有助于培养学生灵活应对多样化问题的能力,使他们能够灵活运用数学知识解决各种复杂情境中的问题。其次,学生需要对结构不完整的题目进行批判性思考,评估问题陈述中的信息和条件的可靠性,并思考可能的解决方法,这有助于培养学生的逻辑推理和批判性思维能力。最后,成功解决结构不完整的数学问题,可以增强学生解决问题的信心。学生会意识到其实问题的结构不完整或条件不明确,他们仍然能够找到合适的解决方案。

（二）平均数的应用(第三学段)

作业目标

1. 观察比较步测活动的数据,并合作交流,初步学会应用部分平均数进行估算来解决简单的实际问题。

2. 经历两次求平均数解决问题的过程,体会求平均数是减少测量误差的一种策略。

3. 在应用平均数的知识解决实际问题的过程中,初步感悟模型思想,体验数学与生活的联系,养成实事求是的科学精神。

核心素养

数据意识:对数据的意义以及所蕴含的信息进行感悟。

模型意识:对数学模型的普适性有初步感悟。

应用意识:引导学生关注生活中的数学现象,使学生在实际生活中感受到数学的重要性和实用性。

作业内容

有趣的测量活动

小实践:用脚步测量并计算学校门口到教学楼的路程。

(1) 步骤一:测一测你的平均步幅。

(提示:由于每次走的步幅可能存在误差,为减少误差,可以在 50 米的跑道上走几次,测得走 50 米的步数,从而求出平均步幅)

我在 50 米的跑道上走了(　　)次,记录走 50 米的步数:

次数	第一次	第二次	第三次	第四次	第五次
步数					

(2) 步骤二:测一测从学校门口到教学楼要走的平均步数。

(提示:由于每次走的步数并不相同,因此可以想办法测算出从学校门口到教学楼的平均步数)

(3) 步骤三:算一算学校门口到教学楼的路程。

(提示:用"平均步幅×平均步数"计算距离)

🔍 **作业展示**

我在 50 米的跑道上走了 5 次,记录走 50 米的步数:

次数	第一次	第二次	第三次	第四次	第五次
步数	69	71	70	70	70

$(69+71+70+70+70) \div 5 = 70$(步)

$50 \div 70 \approx 0.7$(米/步)

答:我的平均步幅是 0.7m。

(2)步骤二:测一测从学校门口到教学楼要走的平均步数。

(提示:由于每次走的步数并不相同,因此可以想办法测算出从学校门口到教学楼的平均步数)

$(60+62+64+64+60) \div 5$
$= 310 \div 5$
$= 62$(步)

答:从学校门口到教学楼要走的平均步数是 62 步。

(3)步骤三:算一算学校门口到教学楼的路程。

(提示:用"平均步幅×平均步数"计算距离)

$50 \div 70 \approx 0.7$(米)
$62 \times 0.7 = 43.4$(米)

答:学校门口到教学楼的路程是 43.4 米。

查看更多

🔍 **作业评价**

平均数的应用是在学生理解了平均数的含义,熟练掌握了平均数计算方法之后展开的教学。在以往的教学过程中,通常是先通过观察例题,以实战演练的方式探寻、总结出用步幅测量距离的通用方法,再通过一定的练习加以巩固,最多让学生在课后通过实践活动进行验证。在这种模式下,平均数的学习变成了一种简单的技能训练,忽略了平均数在统计学上的重要性。学生在这个过程中只是被动地接受知识,只会计算,却无法深入理解。

在这次实践活动中,以"用脚步测量并计算学校门口到教学楼的路程"这一问题为驱动,引导学生深入理解了平均步幅的概念。学生根据自己的生活经验,提出了计算距离的方法:用一步的长度乘以步数。这个"一步有多长",就是我们所说的步幅。由于每个人的步幅大小不同,为了使得测量结果更加准确,学生深刻地体验到了求步幅平均数的重要性,也就是平均步幅的必要性。

在沪教版练习册中也有"用脚步测量并计算学校门口到教学楼的路程"的实践性任务,但是学生在解决问题过程中出现了不少问题。比如,学生没有在自然、放松的状态下测量步幅,因此步幅的大小影响了最终的计算结果,同时组际间的实践结果差距也颇大。于是,针对问题进行反思,对原实践任务作出微调,提出:由于每次走的步幅可能存在误差,为减少误差,可以在 50 米的跑道上走几次,测得走 50 米的步数,从而求出平均步幅。同时选定 50 米来计算平均步幅也是学生提出的建议,因为 50 米跑道是各所学校均有的。部分学生觉得选定 50 米太长,引发了新的思考,找到新的策略。比如:用均匀的步子走 10 步,量出长度。然后用量出的长度除以 10,就能得出步幅;或者走若干米,比如 10 米,多走几次,记录下每次的步数,然后求出平均步数,再用 10 米除以平均步数求得平均步幅。这样既可以保证步幅的准确度,又能让学生在实践中体验到解决问题的乐趣。

第五节　随机现象发生的可能性

"随机现象发生的可能性"主题设置在第三学段,学习目标是让学生能够对不确定现象进行定性描述。自然界和人类社会中的现象可以分类两类:一类是在一定的条件下,必然会发生或出现的现象,称为确定现象,如地球围绕太阳转,水从高处往低处流;另一类则是在相同的条件下,实验或观察之前不能确定会出现哪种结果,不同次的实验或观察会得到不同的结果的现象,称为随机现象。有关可能性的教学内容主要包括两方面:一是通过实例认识到生活中有些事情的发生是不确定的,而不确定的事件中可能发生的不同结果的可能性是有大小的;二是初步学会根据所有可能发生的情况,正确判断某种结果发生的可能性大小。学生可以通过抛硬币等实验了解简单的随机现象,定性描述随机现象发生的可能性大小,体会利用数据提供的信息可以帮助人们进行判断,同时感悟对于同样的事情每次收集到的数据可能不同,只要有足够多的数据就可能从中发现规律,从而发展数据意识、归纳能力和创新意识。

（一）随机现象发生的可能性（第三学段）

🔍 **作业目标**

借助画图、枚举等方法找出简单事物的可能情况的个数,能够初步有条理、全面地思考问题。

🔍 **核心素养**

1. 数感:对于数与数量、数量关系及运算结果的直观感悟。

2. 数据意识:感悟数据蕴含的信息,知道同一种数据可以用不同方式表达,需要根据问题背景选择合适的方式。

3. 应用意识:有意识地利用数学概念、方法和原理解释现实生活中的现象与规律,解决现实世界的问题。

🔍 **作业设计**

美味的蛋筒冰激凌

冰激凌店里有很多口味的冰激凌,每次取两勺,会产生很多不同口味的组合。

如果只有一种口味,取两勺的组合只有一种。但如果有两种口味的冰激凌,取两勺之后就会有三种组合(例如:香草、香草,巧克力、巧克力,香草、巧克力)。

(1) 如果店里有 4 种口味的冰激凌,每次取两勺,会有多少种组合? 请用自己喜欢的方式表达你的结论。

(2) 想一想：如果店里有 6 种口味的冰激凌，每次取两勺，有多少种组合选择？

🔍 作业展示

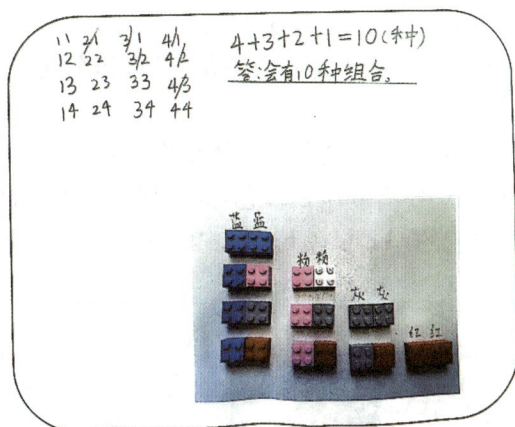

作业评价

在小学阶段,概率的学习主要涉及简单随机事件及其发生的可能性,而排列、组合、枚举则是解决其中一些计数问题的基本方法。学生在作业中首先要思考不同的搭配策略,怎样能够既有序又全面地找到所有可能的情况。再选用不同的表现方式表示出来,进行计算和结果的统计。从作业中看到,有学生在思考过程中用彩色的橡皮、积木,以及绘画等,具体、形象、直接地将搭配结果表现出来,也有学生用表格配对的形式表示搭配的结果,表现出一定的思维严谨性。在这个学习活动中,学生开始接触枚举法,即通过逐个列举来找到所有可能的情况。这种方法帮助学生从具体事例中发现规律和模式,培养他们的逻辑思维和解决问题的能力。还有学生想到了不止一种方法,最后归纳成算式。学生在尝试用数学方法解决实际问题的过程中,感受到数学在现实生活中的广泛应用。

（二）百分数（第三学段）

作业目标

1. 通过测量,知道每个正方形之间的比例关系,理解百分数可以表达确定的数据。
2. 会用涂色的形式表达确定的百分数。

核心素养

1. 数据意识:对数据意义的感悟,知道同一种数据可以用不同方式表达。
2. 运算能力:明晰运算的对象和意义,根据运算法则进行正确运算。
3. 创新意识:主动尝试从日常生活、自然现象中发现和归纳数学问题,勇于探索一些开放性、非常规的数学问题。

作业内容

神奇色块会说话

下左图是几何抽象画派的先驱蒙德里安的一幅设计作品,在这幅图中,他用色块将百分数视觉化了。如果 100 个正方形中有 40 个是蓝色的,我们可以把它看成正方形的 40% 是蓝色的,或者说"每 100 个单位中有 40 个是蓝色的"。

(1)如果把蒙德里安的这幅图看作 100 个单位色块,那么这 100 个单位中的黑色块有( )个。

(2)请你作为小艺术家,用喜欢的颜色为蒙德里安的作品框架上色。其中有一个颜色是绿色。假设每 25 个单位色块中有 6 个是绿色,如果绿色所占的比例不变,那么在 100 个单位色块中有( )个是绿色的。试着在下右图中画一画,并说一说你是怎么算的。

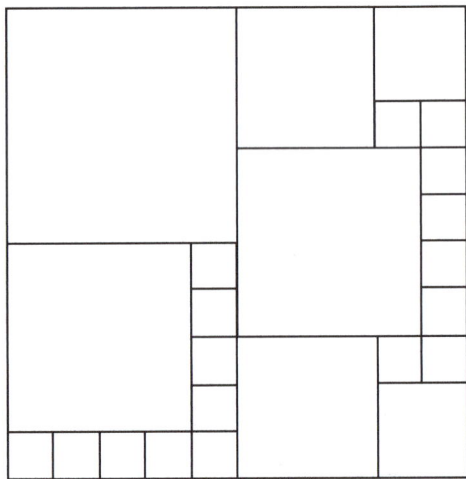

我是这样算的:_____

(3)请按照你的设想,自由创作一幅 10×10 的画。

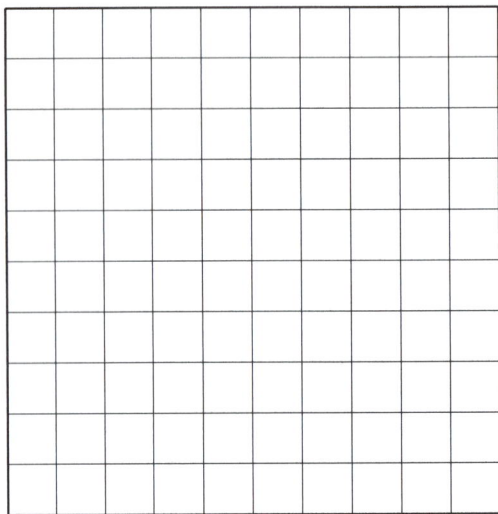

说说你创作这幅色块画的设想:

作业展示

（1）如果把蒙德里安的这幅图看作 100 个单位色块，那么这 100 个单位中的黑色块有（ 20 ）个。

（2）请你作为小艺术家，用喜欢的颜色为蒙德里安的作品框架上色。其中有一个颜色是绿色。假设每 25 个单位色块中有 6 个是绿色，如果绿色所占的比例不变，那么在 100 个单位色块中有（ 24 ）个是绿色的。试着在下右图中画一画，并说一说你是怎么算的。

我是这样算的：100是25的4倍，25×4=100,所以6也要乘4，6×4=24。

（3）请按照你的设想，自由创作一幅 10×10 的画。

说说你创作这幅色块画的设想：

这幅色块画由5种不同的蓝色组成，从内向外，颜色从深到浅。

查看更多

作业评价

这个题目可以很好地考查学生是如何将百分数、小数、分数和比例联系起来的。发展百分比概念的关键是将学生已经知道的关于部分和比例的概念明确地联系起来。学生可能对分数、小数和比例都很熟悉，这就是为什么抓住一切机会把所有这些形式联系在一起是有意义的。

第五章
综合与实践领域的单元作业设计

　　新课标中对小学阶段的综合与实践领域的学习提出的要求是重在解决实际问题,主要采用主题式学习,将知识内容融入主题活动中。主题学习作业的内涵可以结合作业的基本内涵进行理解。作业是课堂教学的延伸和补充,通常是指学生课外完成的学习任务,是教师分配给学生在课堂外完成的任务,不包括家长或课外辅导机构布置的作业。因此,主题学习作业是在主题学习视域下的课外作业,它体现了真实场景中的主题学习特征。由于主题学习本身的开放性较大,课堂教学时间相对紧张,因此教师更需统筹安排课上和课下任务,通过课后作业补充和拓展课堂教学。由此,主题学习往往更需要作业。

　　本章节的作业内容涉及数学与生活、科学、自然、人文、艺术五个领域的结合,每个领域设计了两个作业案例。关注学生解决问题的能力,即能否发现生活情境中所蕴含的数学问题,灵活地运用数学知识和技能进行分析与解决,能否流畅地用数学语言来解释、表达相关信息并与同伴进行沟通交流。例如:本章中设计了"方位探寻""绘制校园平面图"等实践活动,为学生创造用数学的眼光观察自己每天生活与学习的校园的机会;探索"树有多高",引导学生用数学的眼光去观察自然;发现"斐波那契数列"的奥秘,帮助学生在"做数学""用数学"的过程中积累数学活动经验。学生将学科知识应用于真实问题的解决,涵盖了数学知识、合作能力、沟通技能以及创新能力等通用核心素养的培养。作业内容强调数学概念理解与深度学习,鼓励学生超越零散知识点,以更宏观的视角把握这些概念在真实情境中的应用。作业分为阶段作品类、调查实践类和计划反思类三种类型,拓展学生的学习空间,关注学生实践、体验的过程,提高学生综合运用知识的能力,培养学生适应未来发展的品格和关键能力。

第一节　数学与生活

(一)方位探寻(第一学段)

作业目标

1. 能够在实际情境(如校园)中辨认东、南、西、北。
2. 能够在寻宝的实践活动中理解方向的相对性,发展空间观念。

3. 能够在小组合作过程中增强交流能力。

核心素养

1. 空间观念:在熟悉的生活环境中辨别东、南、西、北,培养方向感。

2. 推理能力:能根据周围环境确认一个方向,并以此辨认出其余的三个方向。

3. 创新意识:能够在情境中发现或提出有意义的数学问题。

作业设计

1. 小组合作,带着指南针在操场、校园辨别东、南、西、北,并记录下你们的发现。

操场的东面是_____;国旗的旗杆在_____的南面;

校门的北面是_____;_____在篮球场的西面。

画一画:我站在_____,我的东面、南面、西面、北面分别是_____。

2. 方位寻宝游戏。

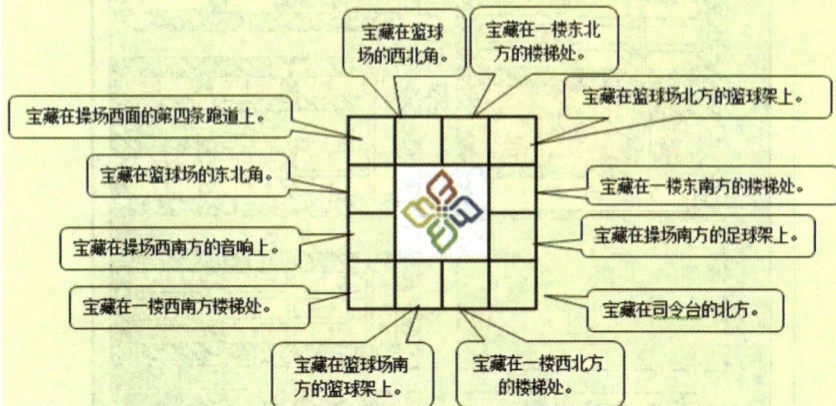

同学们,欢迎参加寻宝之旅。下图每格中需要填写数字或汉字,它们躲在学校的各个角落,你能根据提示找到它们吗?请把找到的这些宝藏填入对应的位置,看看发现了什么奥秘吧!

宝藏在篮球场的西北角。

宝藏在一楼东北方的楼梯处。

宝藏在操场西面的第四条跑道上。

宝藏在篮球场北方的篮球架上。

宝藏在篮球场的东北角。

宝藏在一楼东南方的楼梯处。

宝藏在操场西南方的音响上。

宝藏在操场南方的足球架上。

宝藏在一楼西南方楼梯处。

宝藏在司令台的北方。

宝藏在篮球场南方的篮球架上。

宝藏在一楼西北方的楼梯处。

3. 寻找合作伙伴,制作你所居住的小区或学校周围建筑的示意图,或设计一个寻宝游戏,邀请你的伙伴或家人参加。

🔍 作业展示

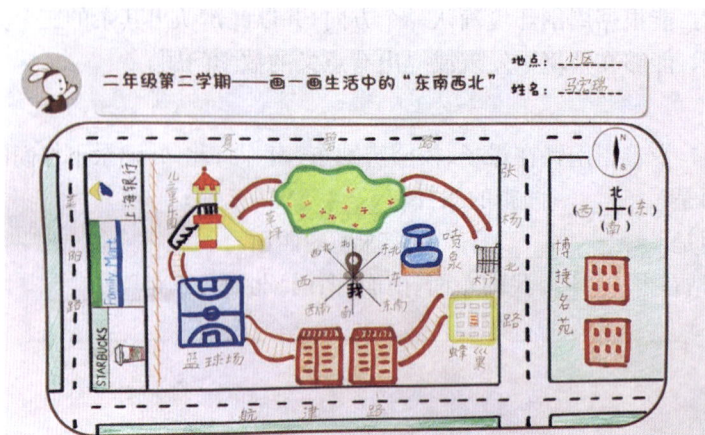

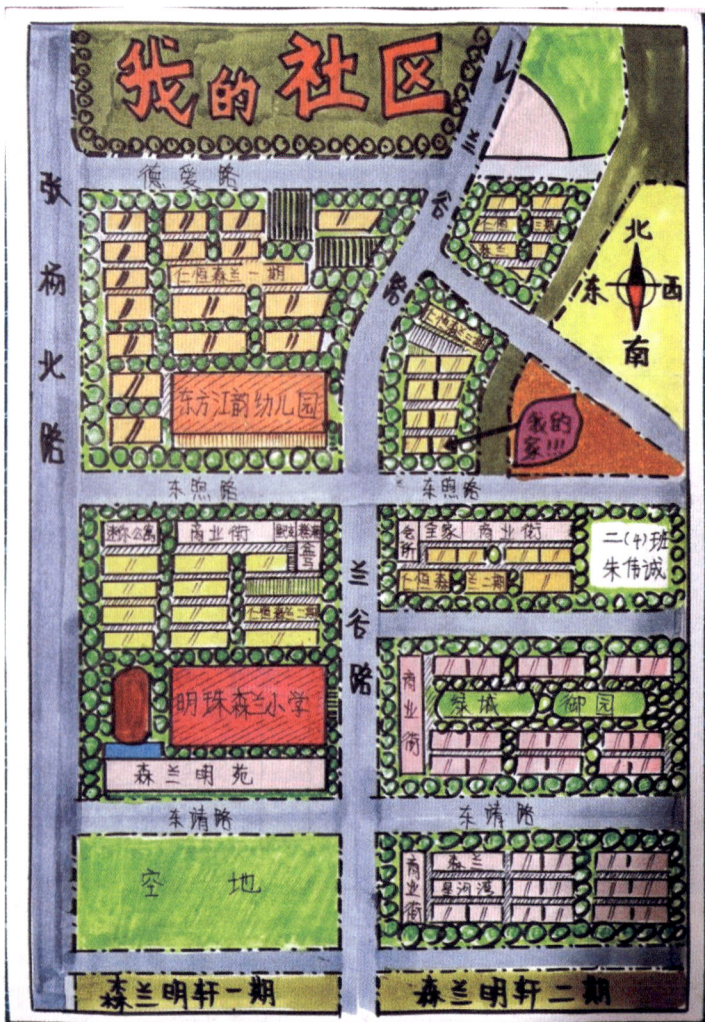

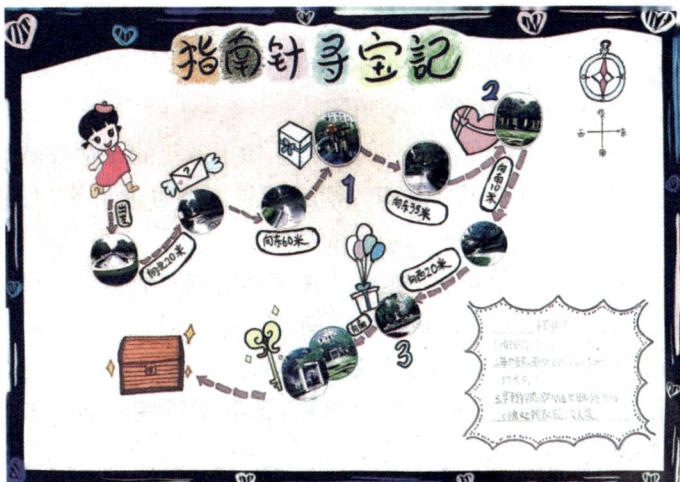

查看更多

作业评价

这份作业从多个方面对学生的综合能力进行培养与发展。例如,通过参观校园并绘制平面图,学生需要仔细观察和感知校园环境中的各个细节,包括建筑物的外形、楼层的分布、功能区域等,发展了观察力和感知能力,提高了空间观念。学生在将三维的校园环境转化成二维的平面图的过程中,需要综合运用空间观念和几何直观能力,想象并表达物体的空间方位和相互之间的位置关系。在第2题中,学生通过理解提示语,找到对应的方位,认识东、南、西、北、东北、西北、西南等方向,并利用方位知识解决问题,发展空间观念。第3题鼓励学生发挥创造性思维,提出新的游戏设计方案,表达自己的观点,思考如何最好地完成任务、如何克服可能遇到的困难,并提出创新的方法和想法,发展了创造性思维和问题解决能力。

（二）绘制校园平面图（第三学段）

作业目标

1. 能够在实际情境中综合运用测量相关知识和比例知识进行换算,接纳误差并进行合理估测,能按照校园的方位和绘制区域的位置,比较准确地绘制平面图。

2. 能够有序地开展小组合作,经历规划、分工、分步实施的过程。

3. 能够在交流展示成果的过程中倾听他人并进行评价与反思。

核心素养

1. 量感:直观感知校园环境事物的可测量属性及大小关系;感知测量引起的误差,合理估计度量结果。

2. 空间观念:想象并表达物体的空间方位和相互之间的位置关系,能将立体的环境画在平面上。

3. 应用意识:感悟现实生活中的环境与空间,可以用数学的方法予以表达。

4. 创新意识:敢于探索一些开放性的、跨学科的思考。

🔍 **作业设计**

校园平面图

（1）制订参观路线，走遍校园的每一个角落。

亲爱的同学们，还有一个月你们就要离开学习生活了五年的小学校园，你了解校园中每幢楼的功能、每个楼层教室的分布吗？你有没有走遍校园的每个角落？在校园的哪里留下过美好的回忆？

请制订一条参观路线，和小伙伴们一起走一遍美丽的校园吧！

（2）分组测量、绘制校园中某个区域的平面图。

① 参观好校园后，分组讨论确定所要绘制的区域。

② 交流测量方法，说一说测量时的注意事项，选取了哪些测量工具，并借助步距、瓷（地）砖长度等进行估测。

③ 综合应用方向、位置、测量等方法绘制校园某个区域的平面图，说一说绘制平面图的注意事项。

（3）交流绘制过程及成果，并进行评价与反思。

🔍 **作业展示**

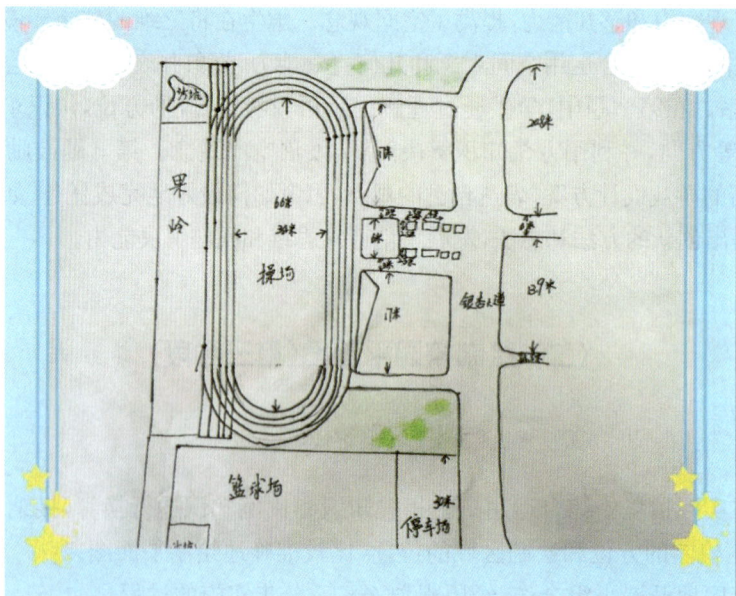

查看更多

🔍 **作业评价**

这份作业从多个方面考查并培养了学生的数学综合能力，例如，问题（2）的实地测量工作让学生在实际情境中应用测量相关知识进行测量，运用比例知识进行换算。他们选择测量工具，并运用步距、瓷砖长度等进行估测，加深了对测量概念和技巧的理解，提高在实际问题中完成测量任务的能力。问题（2）还需要学生想象和表达物体的空间方位和相互之间的位置关系，并将立体环境转移到平面上，在提高他们的图形表达和平面图绘制能力的同时，培养学生的空间观念和几何直观。另外：在小组中分配任务，协调合作，共同完成绘制校园平面图的任务，这样的经验有助于学生发展规划和组织的能力，提高他们在团队中协作的技巧;在与同伴进行交流的过程中产生思维碰撞和思想交流,能够培养他们的表达能力和批判性思维,学生在倾听他人观点的同时,也能够对自己的成果进行评价和反思,进一步提高他们在这两方面的能力。

第二节　数学与科学

（一）数点描图（第一学段）

作业目标

1. 能将点图与数字(1～100)建立关联,能在数数的过程中观察并发现数点图中的排列规律。

2. 能够根据绘图说明在数点图上绘制图案,感受数所表示的点之间的位置关系。

3. 能够用数表示对应的点,将自己绘制的图案通过绘图说明进行表达与交流。

4. 能够进行初步的数学推理,发现从一个数出发再回到这个数可以用一笔画完,尝试表达绘图过程,培养初步的推理能力。

核心素养

1. 数感:联系有趣的数点图,通过观察,准确找到对应数的位置,在动手操作解决问题等丰富的活动中培养数感。

2. 空间观念:体会数点图中数与位置、图案的关系,在连接线段的过程中感受点、线、面三者之间的关系及其转换。

3. 几何直观:根据1～100这些数的位置抽象出几何图形,想象出物体的方位与相互之间的位置关系,发展空间想象能力。

作业设计

1. 请仔细观察下面这幅图,说说你看到了什么。如果每个点代表一个数,你有哪些发现? 分组讨论一下,给出你们小组的意见。

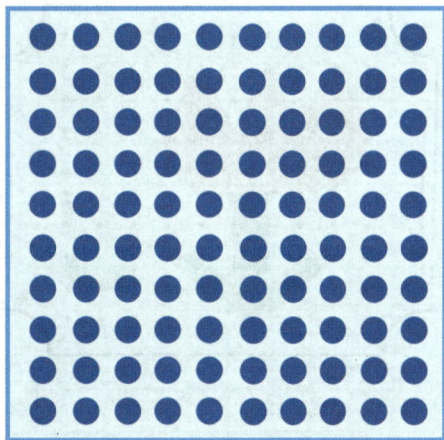

2. 请你在小圆点下面按从左往右的顺序标上数字 1～100。我们可以在这幅数点图中做些什么呢？

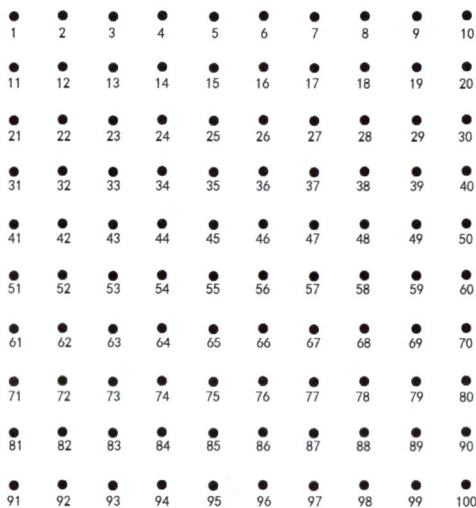

3. 你想在数点图中描画出美丽的图案吗？可以试着在点与点之间用线段连接去绘制一些图案。

阅读绘图说明，你有什么发现？你能猜出所绘制的图案的样子吗？动手试一试吧！

> 绘图说明：
> (1) 26—15—14—23—53—86—59—29—18—17—26
> (2) 36—25—34—54—76—58—38—27—36
> (1)为第一笔路线，(2)为第二笔路线，点与点之间请用线段连接。

4. 你能在数点图中创作出美丽精彩的图案吗？请仿照绘图说明把绘制的路线记录下来，和伙伴们交流一下你的绘制过程，期待你精彩的作品哦！

🔍 作业展示

第 4 题

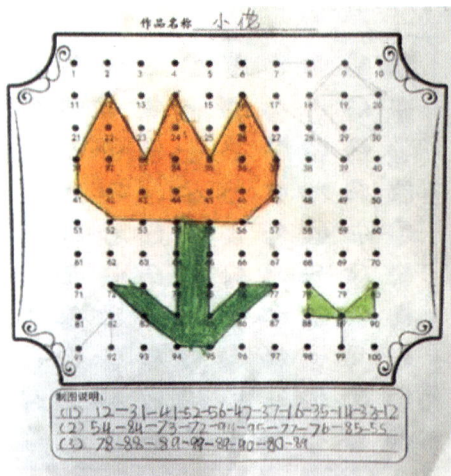

查看更多

作业评价

　　小学一二年级是培养数学学习兴趣的重要阶段,涂一涂、画一画这类的作业能够让学生在玩乐中学习。在百数板上数点描图的探究活动中,孩子们阅读绘图说明,根据数找到对应的点,将点依次连起来,描画出美丽的图案。这样的设计让学生在绘制的过程中感受点的空间位置,具有较强的趣味性。鼓励学生将数点与美术创作联系起来,学生在选择和连接数点的过程中,需要考虑不同点之间的位置关系和可能的线段组合,创作出各种美丽的图案,充分发挥想象力和创造力。让学生记录绘制路线并与同伴交流,一方面培养他们的口头表达与说理能力,另一方面发展他们的合作交流能力。

（二）棱长和、面积、体积探究(第三学段)

作业目标

1. 能够通过动手操作,直观感知长方体棱长和、表面积和体积之间的区别与联系。
2. 能够明确长方体边长扩大后,棱长和、面积和体积的变化规律。
3. 能够利用图表等形式进行数据处理。
4. 能够积极主动地投入学习活动,能清晰表达自己的推理探究过程,和同伴交流信息。

核心素养

1. 几何直观:具有运用图表描述和分析问题的意识,把握表面积和体积的问题本质。
2. 空间观念:能够区分立体图形的体积和表面积。
3. 推理能力:结合数据养成合乎逻辑的理性思维习惯。

作业设计

1. 搭建模型、绘制平面展开图。

(1) 用边长为 1 的小正方体搭一个长为 2、宽为 1、高为 1 的长方体。

(2) 在方格纸上画出这个长方体的平面展开图并剪下来。

(3) 计算这个长方体的棱长和、表面积和体积。

2. 将这个长方体的长、宽、高加倍,动手搭建新的长方体并观察、思考翻倍后的变化情况。

(1) 长、宽、高加倍后的长方体的棱长和是多少? 表面积是多少? 体积是多少? 是原来长方体的两倍吗?

(2) 你能找到翻倍后的变化规律并向大家解释为什么会有这样的规律吗?

模型	长	宽	高	棱长和	表面积	体积
①						
②						

我们的发现：

_____

_____

_____

3. 猜测并验证：如果长方体的长、宽、高扩大相同的倍数后，棱长和、表面积和体积会有怎样的变化？

（1）自己动手搭建长方体，研究棱长和、表面积和体积的变化情况。

（2）借助小立方体、方格纸，通过模型、表格等形式表达你们的想法。

🔍 作业展示

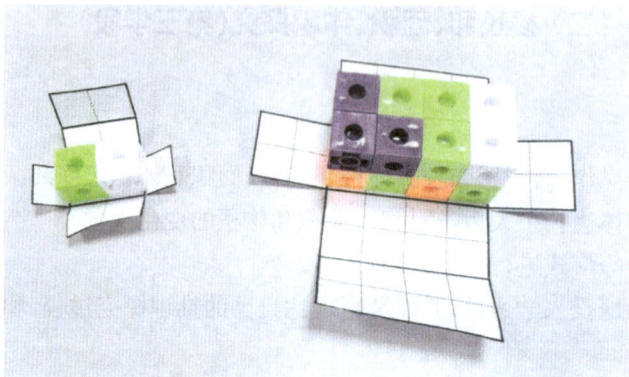

模型	长	宽	高	棱长和	表面积	体积
①	2	1	1	16	10	2
②	4	2	2	32	40	16

我们的发现：

　　当把模型①的长、宽、高同时扩大2倍后，这个长方体的棱长和就变为模型①的2倍，表面积变为4倍，体积却变为8倍。

_____

我的猜想：

　　如果将模型①的长、宽、高扩大（ 3 ）倍，棱长和扩大（ 3倍 ），表面积扩大（ 9 ）倍，体积扩大（ 27 ）倍。

想办法去验证一下你的猜测吧！

当长=6，宽=3，高=3时，

棱长和：6×4+3×4+3×4　　表面积：6×3×4+3×3×2　　体积：6×3×3=54
　　　　=24+12+12　　　　　　　　=72+18　　　　　　　　54÷2=27
　　　　=48　　　　　　　　　　　=90
48÷16=3　　　　　　　　　　　90÷10=9

查看更多

作业评价

动手操作类的作业能够帮助学生更好地进行立体图形的性质学习。在这项主题学习活动中,学生经历了搭建模型、绘制展开图、计算和观察、猜测和验证等操作与思维过程。第 1 题引导学生使用小正方体搭建一个长方体,并通过绘制平面展开图和计算棱长和、表面积、体积,让学生直观地理解这些数学概念。第 2 题引导学生探索长方体的长、宽、高等基本尺寸变化后,棱长和、表面积和体积的变化结果,这是一个归纳和类比的过程,增强了学生的推理意识。学生在对自己的结论进行解释的过程中,养成说理、严谨思维的习惯。第 3 题引导学生猜测和验证,当长方体的尺寸按相同倍数扩大时,棱长和、表面积和体积会如何变化。学生动手搭建长方体并记录数据,借助模型和表格等工具来表达他们的思考过程,进一步培养他们的逻辑推理能力。

第三节　数学与自然

（一）树有多高(第二学段)

作业目标

1. 能够在很难用尺子直接测量的情况下探求物体高度。
2. 能够发现树木影子长度与树木高度之间的倍数关系。
3. 会在生活情境下根据参照物来估测树木高度,体会数学与自然的联系。
4. 能够有效参与小组合作,提高解决问题的能力和团队协作精神。
5. 能够在实践活动中感受数学和现实生活的密切联系,在活动中提高创新能力。

核心素养

1. 量感:直观感知树的高度,在测量影子长度时注意测量时间和地点的统一性。
2. 数感:能根据测量得到的棍长和影长,发现它们之间的倍数关系,运用数量关系解决数学问题。
3. 推理能力:会选择合理的位置进行观察,借助参照物的高度估测树木的高度。

作业设计

1. 头脑风暴:要想知道一棵树的高度,可以怎么做?

以合作小组为单位进行讨论,要求:

（1）每个组员都要发表自己的意见。

（2）组长将大家的想法记录在海报上。

（3）由一名小组成员代表大家交流想法。

（4）讨论限时 5 分钟,交流限时 2 分钟。

学生们交流测量方法

① 用棍子接起来,竖在大树旁,如果棍子和树一般高,那么只要测量棍子的长度。

② 从树的顶端放一根绳子下来,绳子有多长,树就有多高。(怎么把绳子送到树的顶端?)

③ 在氢气球上扎一根很长的绳子,牵着绳子把氢气球放上去,当它和树差不多高时,给绳子做标记,并测量绳子的长度。

④ 将无人机飞到和树差不多高的地方,无人机屏幕上显示无人机所在的高度就是树的高度。

⑤ 根据树顶对应边上的教学楼的位置,用教学楼每层的高度乘层数来估测树的高度。

⑥ 通过树的影子来推断树的高度。先在地上竖一根木棍做实验,找到木棍的高度和它的影子的长度相等的这个时间点,然后去测量树的影子长度就是树的高度。(要一直守着、不停地测量才能等到小棒高度和它的影子一样的时候,有点麻烦!)

⑦ 在地上竖一根木棍,找到木棍高度和影子长度的倍数关系,然后去推算树的高度。

2. 从大家想到的方法中挑选一种切实可行的方法解决"树有多高"的问题,想一想你采用的方法需要做哪些准备工作。

(1)采用方法⑤借助教学楼作为参照物估测树的高度的小组提出:需要知道教学楼每一层的高度;还要找到合适的观察位置,确定树的顶端对应教学楼相应的位置。

(2)采用方法⑦寻找木棍高度与影子长度之间关系的小组提出:需要准备木棍、卷尺和计算器。此外,还要注意测量环境需要有阳光,测量木棍的地点要和大树在同一地点。

3. 分组实践操作,使用木棍影子长度和高度的倍数关系,测量大树的高度。

(1)小组分工完成测量、数据统计工作。

(2)使用计算器计算,寻找木棍高度和影子长度之间的倍数关系。

(3)各小组交流,发现虽然各组的木棍高度不同,但是它和影子长度的倍数关系是相同的。

(4)测量大树影子的长度,根据木棍高度与影子长度的倍数关系,计算大树高度。

4. 交流各组研究过程与成果。

🔍 作业展示

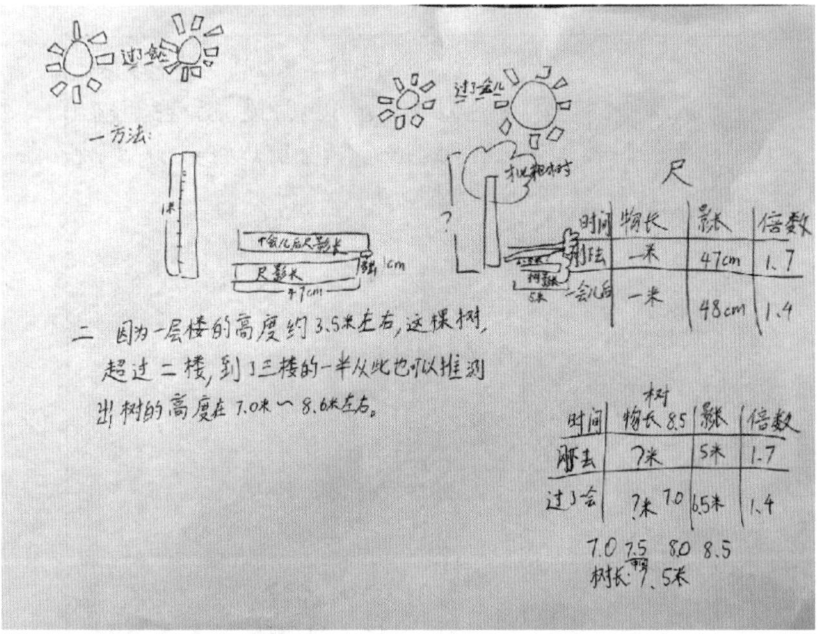
过一会
过一会儿
一方法:
尺
时间 | 物长 | 影长 | 倍数
刚去 | 一米 | 47cm | 1.7
一会儿后 | 一米 | 48cm | 1.4
二 因为一层楼的高度约3.5米左右，这棵树，超过二楼，到了三楼的一半从此也可以推测出树的高度在7.0米～8.6米左右。
树
时间 | 物长 8.5 | 影长 | 倍数
刚去 | ?米 | 5米 | 1.7
过一会 | ?米 7.0 | 6.5米 | 1.4
7.0 7.5 8.0 8.5
树长7.5米

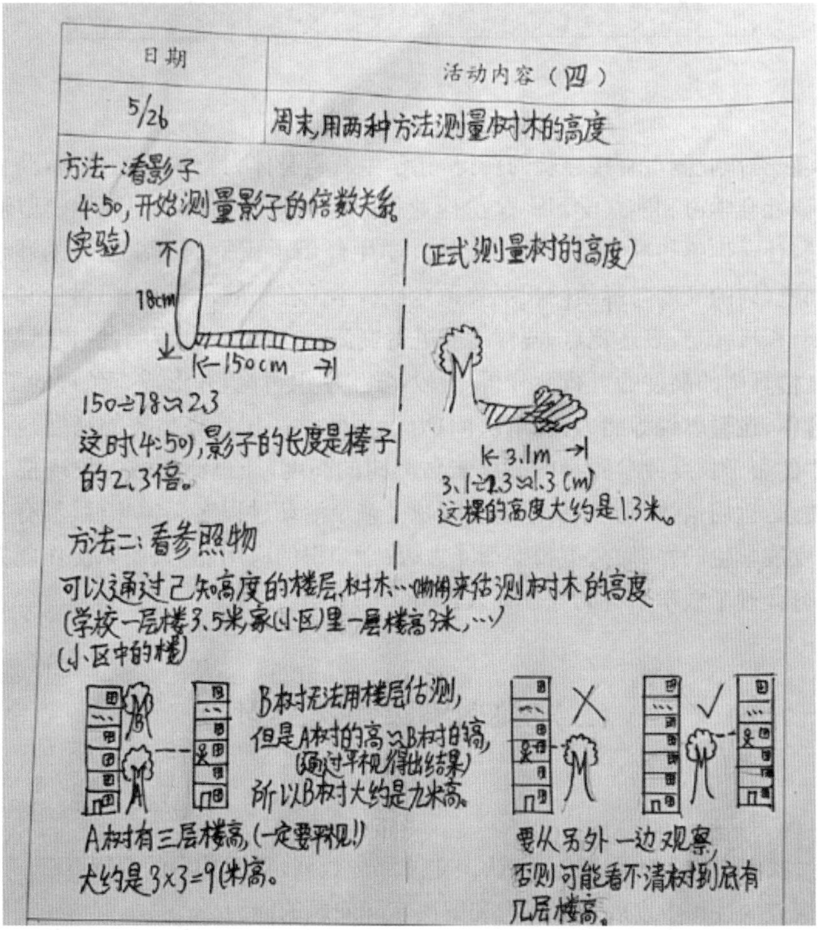
日期
活动内容（四）
5/26
周末，用两种方法测量树木的高度
方法一：看影子
4:50，开始测量影子的倍数关系
(实验)
(正式测量树的高度)
18cm
150cm
150÷78≈2.3
这时(4:50)，影子的长度是棒子的2.3倍。
3.1m
3.1÷2.3≈1.3 (m)
这棵的高度大约是1.3米。
方法二：看参照物
可以通过已知高度的楼层、树木……来估测树木的高度
(学校一层楼3.5米，家(小区)里一层楼高3米，……)
(小区中的楼)
B树无法用楼层估测，
但是A树的高≈B树的高，
(通过平视得出结果)
所以B树大约是九米高。
A树有三层楼高，(一定要平视!)
大约是3×3=9(米)高。
要从另外一边观察，
否则可能看不清树到底有几层楼高。

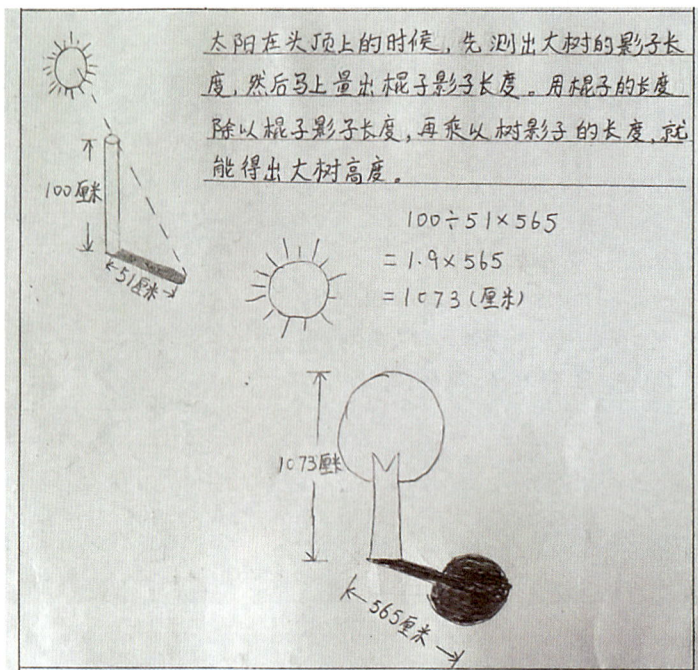

太阳在头顶上的时候，先测出大树的影子长度，然后马上量出棍子影子长度。用棍子的长度除以棍子影子长度，再乘以树影子的长度，就能得出大树高度。

100÷51×565
=1.9×565
=1073（厘米）

100厘米
长51厘米

1073厘米

长565厘米

作业评价

　　综合实践类作业侧重直接经验的获得，让学生获得身体力行的活动体验，凸显社会的参与服务，强调社会学习和实践学习。这份作业很好地展现了如何运用数学模型解决生活中的实际问题，让学生感知数学应用的广泛性。学生经历了完整的解决问题的环节——在发现和提出问题（树的高度与影子的长度关系）阶段，学生在头脑风暴、小组讨论和实践操作等多个环节中，积极参与，表达观点，同伴之间进行交流与合作；在分析问题，提出解决方案（用影子的长度估算树的高度的可行性分析）阶段，学生小组讨论，并形成有条理的工作顺序，发展了团队合作、逻辑思维等能力；在解决问题（运用数学知识计算出树的高度）阶段，学生通过测量树木的影子长度或参照物的高度来估测树的高度，通过测量数据发现棍长和影长之间的倍数关系，运用倍数等数量关系解决问题。整个活动过程充满趣味性，具有一定的认知挑战，对于发展学生的好奇心、逻辑推理能力、数学知识的应用能力、团队协作能力等都非常有帮助，充分体现了数学学科的综合育人价值。

（二）斐波那契数列（第三学段）

作业目标

1. 通过探索表格中的数量关系，认识斐波那契数列，掌握其中的规律。
2. 在探究的过程中发展观察能力和解决实际问题的能力。
3. 初步体会数学学科与自然现象的联结，体会数学的科学价值和应用价值。

4. 感受数学美,会用数学的眼光观察现实世界,激发学习数学的兴趣。

🔍 **核心素养**

1. 数感:体会斐波那契数列中蕴含的数量规律。

2. 运算能力:能够根据给定的法则进行正确的计算。

3. 模型意识:建立斐波那契数列的模型,能识别模型中的斐波那契数,并能在现实生活中找到模型中数的表现。

4. 应用意识:用斐波那契数来解释现实世界中的自然现象与规律。

🔍 **作业设计**

1. 摆豆子,填数游戏。

下图中有 10 个格子,第一个和第二个格子里各有 1 粒豆子(用小圆点表示)。从第 3 个格子开始,每个格子里的豆子的粒数等于前面两个格子里豆子粒数之和。

(1)请画一画、数一数,说一说格子 3 到格子 10 里分别有多少粒豆子。(摆豆子、画圆点视需要而定)

格子 1	格子 2	格子 3	格子 4	格子 5	格子 6	格子 7	格子 8	格子 9	格子 10
●	●								
1	1								

(2)如果继续摆下去,第 11 格、第 12 格分别有多少粒豆子?

2. 认识斐波那契数列。

(1)我们把每一格豆子的粒数写成一个数列。这个数列的第一个数和第二个数是 1 和 1,从第三个数起,每一个数都是前两个数的和,这样的数列就是斐波那契数列。斐波那契数列中的任一个数都叫斐波那契数。

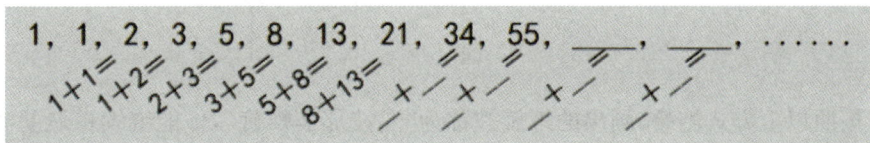

$$1, 1, 2, 3, 5, 8, 13, 21, 34, 55, \underline{\quad}, \underline{\quad}, \cdots\cdots$$

$1+1=$　$1+2=$　$2+3=$　$3+5=$　$5+8=$　$8+13=$

(2)根据规律,试着继续往下填。

这是一种可以在自然界中发现的著名模式,让我们继续在自然界中发现越来越多的例子。

3. 认识并制作斐波那契螺旋。

(1)画一画。在边长为 1 的方格纸上,依次以斐波那契数列中前 7 个数为边长画正方形,每个正方形都放在前两个正方形的旁边,使其边长成为前两个正方形的边长之和。请你接着往下画。

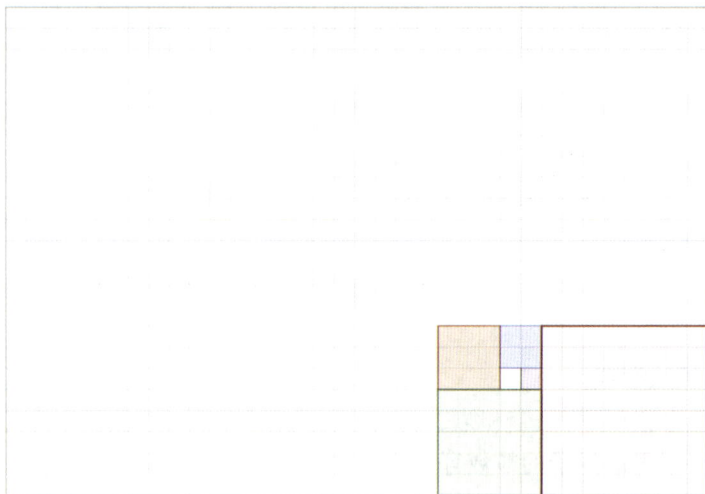

（2）接着在上图每个正方形中描绘一条四分之一圆弧，让各段圆弧彼此连接。（例图如下）

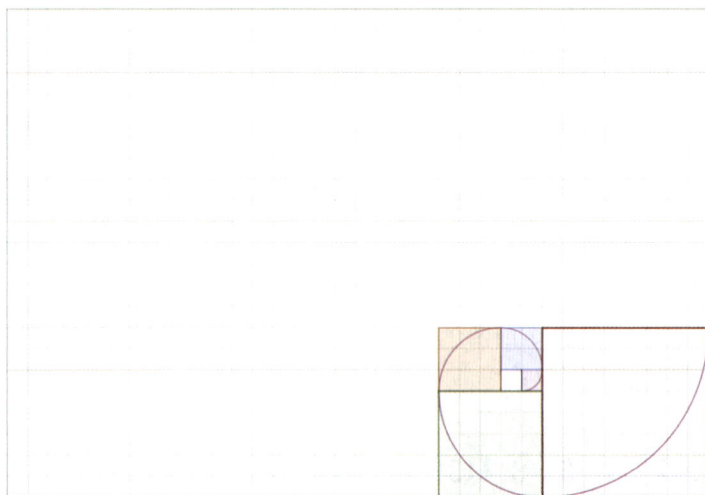

（3）按照以上方式堆叠、画出的螺旋被称为"斐波那契螺旋"，你能继续扩展斐波那契螺旋吗？（提供学生更大的方格纸使螺旋扩大）

4. 自然界中的斐波那契螺旋。

（1）讨论这种螺旋在自然界中存在的地方。你在哪里看到过这种自然的螺旋形结构？

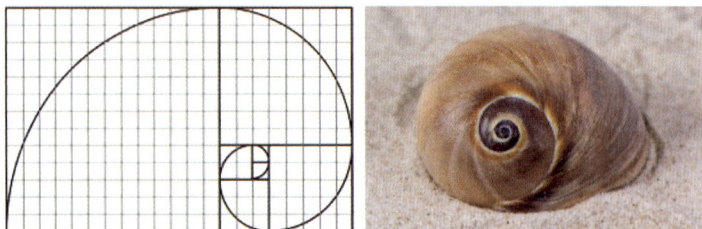

（2）斐波那契数出现在自然界的许多地方。从以下仙人球、松果、多肉植物图片上，能找到斐波那契螺旋吗？

仙人球　　　　　　菠萝　　　　　　多肉植物

松果　　　　　　向日葵　　　　　　青宝塔

5. 请通过网络、书籍文献查找收集与斐波那契数列有关的内容，和大家分享有关斐波那契数列的故事，展示并试着分析你找到的自然界中蕴含的斐波那契数列。

🔍 **作业展示**

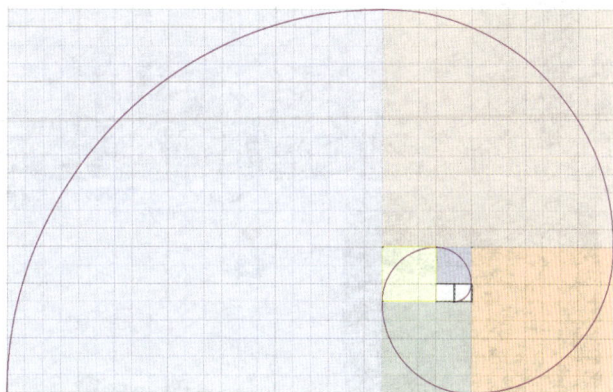

🔍 **作业评价**

这份作业设计以"摆豆子"为引子，深入浅出地引导学生探索斐波那契数列的奥妙。通过操作体验，学生逐步领悟数列的生成规律，从简单的观察和计算中获得对数学模型的直观感知。填数活动和阅读介绍则在理论层面加深了他们对斐波那契数列的理解。通过图示赏析，学生发现了数学与自然界生物之间难以言喻的联系，如斐波那契螺旋在自然界的广泛存在及斐波那契数在植物结构中的展现。这样的设计不仅唤起了学生对数学美感的感悟，更重要的是引导他们意识到数学在解释自然规律方面的独特价值，感知数学的科学价值和应用价值。

（三）立方体建筑物（第二学段）

🔍 **作业目标**

1. 能够正确判断图式建筑物的观察视角。根据多个视图来构建与这些视图匹配的立方体建筑物。

2. 掌握在纸上记录复杂的三维图形并做出解释的方法策略。

3. 能够根据所学知识设计自己的立方体建筑物谜题。

🔍 **核心素养**

1. 空间观念：知道立体图形中某一个面对应的平面图形。

2. 推理能力：根据不同角度的视图构建立方体建筑物。

3. 创新意识：通过对实例的学习和理解，设计自己的立方体建筑物。

🔍 **作业设计**

1. 观察建筑物的照片，讨论图像所传达的内容。

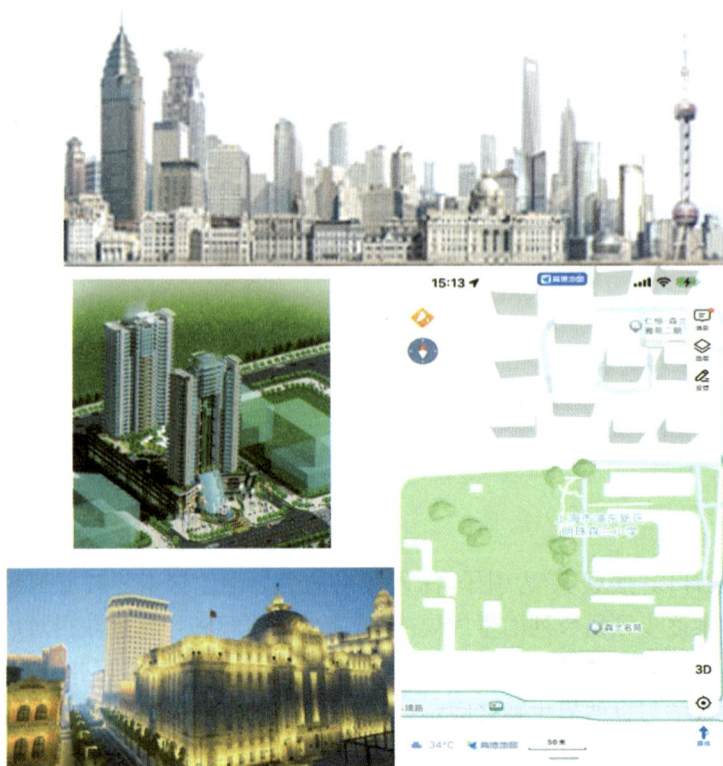

这些建筑物的照片分别是从什么角度拍摄的？你可以从中获得哪些信息？

2. 观察下图左边的立方体模型和右侧的图形，想一想，右侧图形分别是从哪个角度看到的立方体组合。可以利用小立方体模拟示例图形。从正面看到的形状写"△",从右面看到的形状写"□",从左面看到的形状写"○",从上面看到的形状写"☆"。

（1）

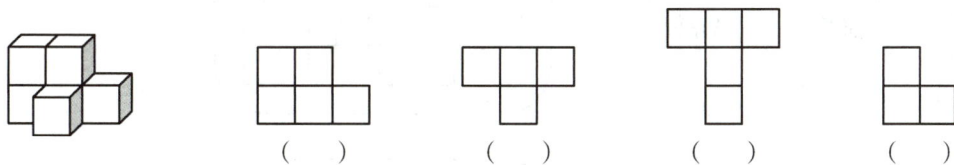

（　　）　　　　　（　　）　　　　　（　　）　　　　　（　　）

（2）

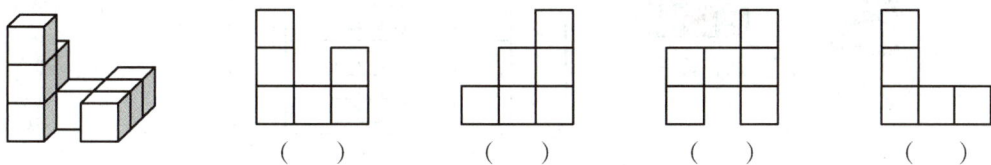

（　　）　　　　　（　　）　　　　　（　　）　　　　　（　　）

（3）

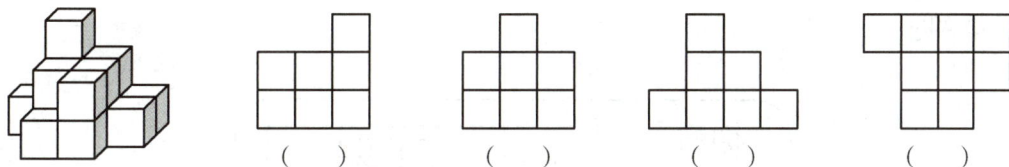

（　　）　　　　　（　　）　　　　　（　　）　　　　　（　　）

3. 立方体建筑模型谜题。观察以下两个视图,动手用小立方体搭出建筑物。

上面　　　　　　　　　　正面

搭建符合这两个视图的立方体建筑模型,要（　　　　）个小立方体。

　　　　　　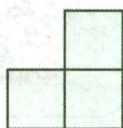

上面　　　　　　　　　　正面

请回答:搭建符合这两个视图的立方体建筑模型,最少需要（　　　）个小立方体,最多需要（　　　）个小立方体。

4. 立方体建筑物谜题。观察以下两个彩色视图,动手用彩色积木搭出立方体建筑物并在分层图纸上涂上对应的颜色。

（1）

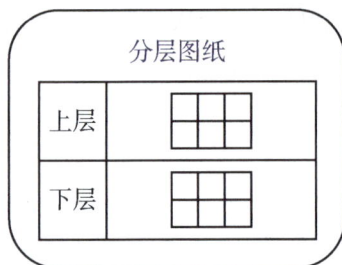

从上面看　　从正面看

分层图纸

上层	
下层	

（2）

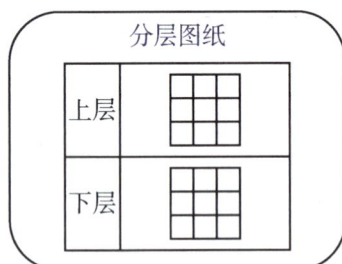

从上面看　　从正面看

分层图纸

上层	
下层	

5. 和你的伙伴一起来设计立方体建筑模型谜题，并和大家分享你的谜题。

🔍 作业展示

第 4 题

（1）

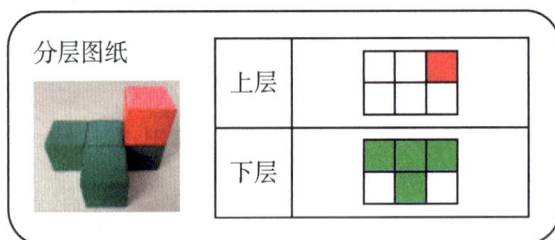

分层图纸

上层	
下层	

（2）

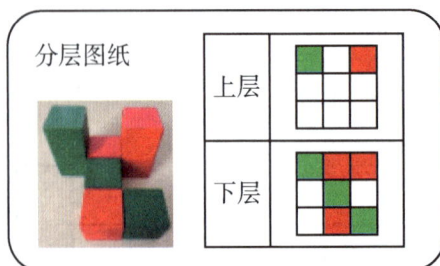

分层图纸

上层	
下层	

第 5 题

（1）

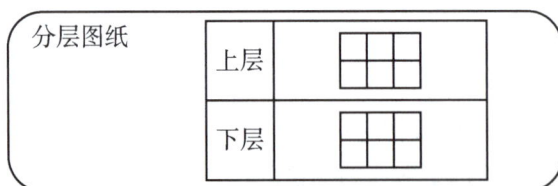

上面　　正面

分层图纸

上层	
下层	

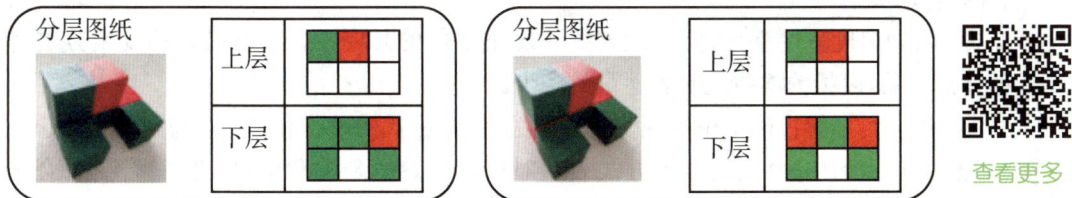

🔍 **作业评价**

　　这份作业首先从建筑物照片切入,让学生根据看到的照片想象拍摄的角度,关注学生对生活环境的直接感知与理解。第 1 题让学生观察建筑物照片和立体建筑物的视图,不仅培养了他们对空间关系和图形的感知能力,还锻炼了他们对现实生活中建筑结构的理解,不仅仅是对图形的认知,还是对生活实际的联系和抽象思维的运用。第 2 题中,学生需要根据不同视图构建符合要求的立方体建筑物,这要求他们具备推理和逻辑思维的能力。在这个过程中,学生不仅要进行模拟操作,还需要深入分析图形的特征,培养了解决问题的技能和判断能力。第 3 题中,学生不仅需要拼搭立方体建筑物,还需要观察不同拼法所用的小立方体数量,对立体结构进行了进一步的思考和探索,培养了分析和推理能力。第 4 题通过引入积木的色彩元素,不仅丰富了活动形式,还帮助学生更深入地理解图形的分层结构,提高了他们的图形记录和解释能力。第 5 题鼓励学生设计自己的立方体模型谜题,并与同伴分享,这培养了他们的创造性思维和合作能力,同时也激发了他们解决问题的兴趣和热情。整个作业设计不仅注重基础知识的传授,更着重培养学生的实践应用能力,使他们在思维、创新和合作方面得到全面发展。

第四节　数学与人文

度量衡的故事(第二学段)

🔍 **作业目标**

　　1. 通过查找资料,了解度量衡的历史与发展,对日常使用的计量单位进行溯源和解析。

　　2. 了解和"度"相关的典故、成语、古诗词等,会将古代的长度单位换算成现代长度单位;知道古代"度"在现代生活中的应用和价值。

　　3. 了解"衡"的历史;知道和"衡"相关的典故、成语、古诗词等,并将其中的质量单位换算成现代计量单位;知道古代"衡"在现代生活中的应用和价值。

　　4. 进一步加深对计量单位意义的理解,感悟计量单位由多元到统一、由粗糙到精细的过程,培养科学精神。

🔍 **核心素养**

　　1. 搜集处理信息:合理利用信息技术、工具书等,查阅有关度量衡的资料,以及和度量衡相关的典故、成语、古诗词等。

2. 量感：知道度量的意义，能够理解统一度量单位的必要性。了解最初的度量方法都是借助日常用品，度量的本质就是表达量的多少。

3. 运算能力：了解古代单位和现代单位的关系，将古代的单位和现代单位进行换算。

4. 推理能力：运用文字、图画等方式表达对量及计量的理解和感悟，养成重论据、合乎逻辑的思维习惯，形成实事求是的科学态度和理性精神。

作业设计

1. 查阅有关度量衡的资料（查阅途径：网络、图书馆书籍、博物馆、专业人士等），分组完成资料收集记录单一。

记录单一：度量衡的故事

释义	你知道什么是度量衡吗？_____ _____
历史	你知道度量衡的历史吗？_____ _____

2. 查阅与"度"和"衡"相关的知识，分组完成资料收集记录单二、三。

记录单二：关于"度"

古代	古代常用的长度单位有：_____ 描述（画一画或比画一下）古代的长度单位有多长，并进行一下比较。
现在	现在常用的长度单位有：_____ 怎么把古代的长度单位换算成现在的长度单位？你知道它们之间的关系吗？ 不同朝代的长度单位一样吗？举例说明。
摘录	在语文课本或课外读本中找一找与古代长度单位相关的成语、古诗词或语段，并摘录下来。你能尝试理解它们的意思吗？

记录单三：关于"衡"

古代	古代常用的质量单位有：_____ 描述（画一画或比画一下）古代的质量单位有多重，并进行一下比较。
现在	现在常用的质量单位有：_____ 怎么把古代的质量单位换算成现在的质量单位？你知道它们之间的关系吗？ 不同朝代的质量单位一样吗？举例说明。
摘录	在语文课本或课外读本中找一找与古代质量单位相关的成语、古诗词或语段，并摘录下来。你能理解摘录内容所表达的情感吗？

3. 寻找生活中运用古代长度、质量单位或测量工具的例子,并完成记录单四。

记录单四:"度"与"衡"的应用

度	古代常用的长度单位有:丈、尺、寸、分、跬、步、里等。 (1) 你能找到生活中运用古代长度单位或测量工具的例子吗? 记录下来。 (2)"只见白浪翻滚形成一堵两丈多高的水墙",《钱塘江观潮》一文中的"两丈"高有多高?
衡	古代常用的质量单位有:石、斤、钧、铢、两、钱等。 (1) 你能找到生活中运用古代质量单位或测量工具的例子吗? 记录下来。 (2) 中国台湾的 1 斤＝(　　)克,1 斤＝(　　)两。 　　　中国台湾的 1 两≈(　　)克。

4. 交流成语、古诗等中的度量衡,说说你的理解与感受。

火冒三丈　鼠目寸光　半斤八两　锱铢必较

尺有所短,寸有所长。差之毫厘,谬以千里。

冰冻三尺,非一日之寒。不积跬步,无以至千里。

桃花潭水深千尺,不及汪伦送我情。

——李白《赠汪伦》

飞流直下三千尺,疑是银河落九天。

——李白《望庐山瀑布》

危楼高百尺,手可摘星辰。

——李白《夜宿山寺》

🔍 **作业展示**

查看更多

🔍 **作业评价**

　　这份作业鼓励学生通过上网查阅资料,探索古代度量衡的单位以及与度量衡有关的成语典故等内容,拓展学生对数学史的了解,加深对度量衡的认识。从收上来的作业来看,学生具有一定的文献搜索能力,这些作业展现了学生对古代度量衡系统中所使用的单位的了解,例如中国古代的尺、斗、斛、钱等,或者其他古代文明中所使用的度量单位。学生在寻找古代诗词、典故或其他文学作品中涉及度量衡的描写中,感受到古人对度量衡的重视和运用,并探讨其在文化和历史中的意义。这样的学习活动能够让学生更全面地认识数学与人类社会发展的紧密联系,进一步感知数学的普遍性和历史渊源,从而更加深入地理解数学的本质与意义。

第五节　数学与艺术

（一）有趣的 12 平方厘米（第二学段）

作业目标

1. 能够直观感知面积单位 1 平方厘米的大小。

2. 能够通过移补等方法找到 12 平方厘米。

3. 能够设计各种面积为 12 平方厘米的图案，在实践活动中感悟这些图案虽然形状发生变化，但面积都是相等的。

核心素养

1. 几何直观：能够感知组成各种图案的几何图形元素及其面积大小。

2. 空间观念：能借助方格纸设计简单图案。

3. 创新意识：勇于探索运用数学知识创作图案。

作业设计

1. 数一数，下面图形的面积是多少。（图中方格为边长 1 厘米的正方形）

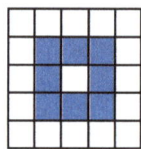

_____平方厘米

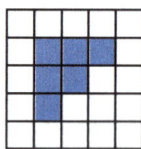

_____平方厘米

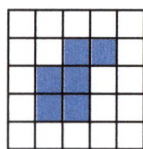

_____平方厘米

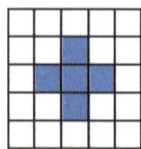

_____平方厘米

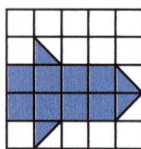

_____平方厘米

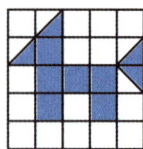

_____平方厘米

2. 下面图形的面积分别是多少？（图中方格为边长 1 厘米的正方形）

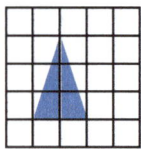

_____平方厘米

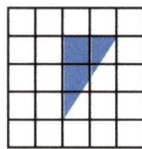

_____平方厘米

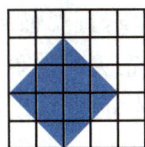 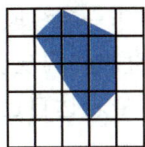

_____平方厘米　　　　　_____平方厘米

介绍一下你数方格的方法，并试着在图上把你的方法表达出来。

3. 在方格纸中设计面积是 12 平方厘米的图案。

作业展示

第 3 题

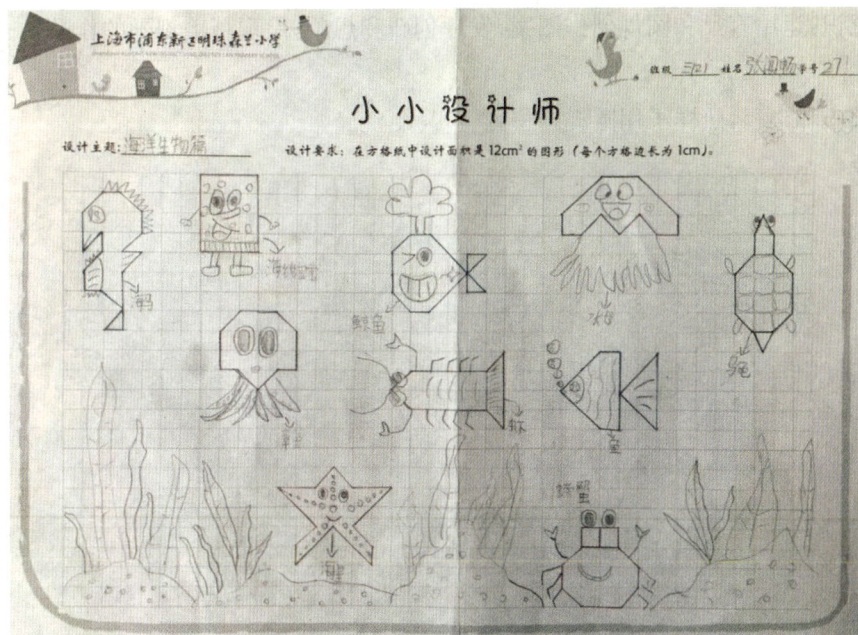

查看更多

作业评价

　　这是一份视觉性和趣味性极强的数学作业，第 1 题和第 2 题让学生从数方格开始直观地计量图形面积，感知图形中含有几个 1 平方厘米就是几平方厘米，遇到不满 1 格的情况时，学生会把两个半格拼成一个整格，或者通过移补、剪拼等方式将不满格的部分拼成满格，头脑中经历了割补凑整的图形转化过程，发展了空间观念和几何直观。第 3 题激发了学生的创新意识，学生根据自己喜爱的主题进行艺术绘画创作，求新求异，创新思维的火花自由绽放。

（二）尺规作图（第二学段）

作业目标

1. 能够正确使用圆规画图，会根据圆心确定圆的位置，根据不同的半径确定圆的大小。

2. 能够运用直尺和圆规作一条线段等于已知线段,直观感知多边形的周长。

3. 能够发挥想象力,用直尺和圆规设计、绘画出精美的图案,积累数学活动经验。

4. 能够用恰当的数学语言表达自己的绘画过程,能辨认出图案中的平移、旋转和轴对称特征。

5. 体会数学美和几何美,发展空间观念和审美意识。

🔑 **核心素养**

1. 几何直观:用直尺和圆规作给定线段的等长线段,感知线段长度与两点间距离的关系,明晰周长的本质。

2. 推理意识:根据图案的特征确定圆心和半径,根据三条线段作三角形,思维由具体直观逐步向更抽象的空间形式转化。

3. 创新意识:运用直尺和圆规创作图案,发挥创新和想象,展现精美刻画的作品。

🔑 **作业设计**

1. 找到圆心和半径,照样子用圆规画一画。

2. 用尺规画三角形。

3. 想一想,能否用没有刻度的直尺和圆规把三角形的三条边画在一条直线上,试着画一画。

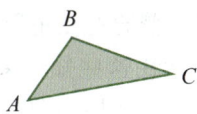

这三条边连成的长线段就是三角形的(　　　　　)。

4. 用直尺和圆规配上你的奇思妙想,设计、绘制一幅美丽的图案吧!

🔍 作业展示

第4题

🔍 作业评价

这份作业展示了学生在几何领域的多方面能力,包括正确使用工具,理解几何概念,发挥创造力,以及欣赏数学美。学生的努力和成就令人印象深刻。学生在完成第 1 题中展示了正确使用圆规的能力,能够找到圆心和半径,并将它们用于绘制圆形。在第 2 题中,学生使用直尺和圆规绘制了三角形,不仅绘制了普通的三角形,还尝试了绘制等腰三角形。这展示了学生对线段和角度的理解,以及能够运用这些知识来创建不同类型的三角形。第 3 题要求学生将三角形的三条边画在一条直线上,这是一个很好的练习,帮助学生直观感受线段的可加性,进一步理解周长这个概念。最令人印象深刻的是第 4 题,鼓励学生发挥创造力,使用直尺和圆规设计和绘制美丽的图案。这不仅锻炼了学生的创新意识,还培养了他们的审美意识,同时也展示了学生在几何美和数学美方面的体会和强大的艺术创作能力。

参考文献

[1] 中华人民共和国教育部. 义务教育数学课程标准(2022 年版)[S]. 北京:北京师范大学出版社,2022.

[2] 史宁中. 数学基本思想 18 讲[M]. 北京:北京师范大学出版社,2016.

[3] 王月芬. 重构作业:课程视域下的单元作业[M]. 北京:教育科学出版社,2021.

[4] 张奠宙,孔凡哲,等. 小学数学研究[M]. 北京:高等教育出版社,2021.

[5] [美]伍鸿熙. 数学家讲解小学数学[M]. 赵洁,林开亮,译,北京:北京大学出版社,2016.

[6] Boaler, J. Mathematical mindsets: Unleashing students' potential through creative math, inspiring messages and innovative teaching[M]. New York:John Wiley & Sons. 2022.

[7] Clements, Douglas H., and Julie Sarama. Learning and teaching early math: The learning trajectories approach. London:Routledge,2020.

[8] McTighe, Jay, Kristina J. Doubet, and Eric M. Carbaugh. Designing authentic performance tasks and projects: Tools for meaningful learning and assessment. Alexandria:ASCD, 2020.

[9] 鲍建生. 小学数学中的核心素养及其主要表现[J]. 小学数学教育,2022(11):8-10.

[10] 巩子坤,刘萍. 论数的概念与运算的一致性之三:整数运算算理、算法的一致性[J]. 小学数学教师,2022(10),77-81.

[11] 路易斯·雷德福,张亚楠,黄兴丰. 儿童符号代数思维的萌芽(上)[J]. 小学数学教师,2019(03):4-7+24.

[12] 吕世虎,吴文斌.《义务教育数学课程标准(2022 年版)》课程内容与要求的变化研究[J]. 教育研究与评论,2022(05):41-49.

[13] 吕世虎,颜飞. 新课标"数与代数"内容分析:从结构到要求[J]. 教育研究与评论(中学教育教学),2022 (11):8-13.

[14] 吕世虎,颜飞. 新课标"统计与概率"内容分析:从结构到要求[J]. 教育研究与评论(中学教育教学),2022(08):26-32.

[15] 吕世虎,颜飞. 新课标"图形与几何"内容分析:从结构到要求[J]. 教育研究与评论(中学教育教学),2022(10),8-13.

[16] 吕世虎,颜飞. 新课标"综合与实践"内容分析及教学启示——从课标变化历程谈起[J]. 教育研究与评论,2023(04),33-39.

［17］吕世虎,吴振英,杨婷,等.单元教学设计及其对促进数学教师专业发展的作用［J］.数学教育学报,2016(05):16－21.

［18］马云鹏.《义务教育数学课程标准(2022年版)》的理念与目标解读［J］.天津师范大学学报(基础教育版),2022(05):1－6.

［19］史宁中.《义务教育数学课程标准(2022年版)》的修订与核心素养［J］.教师教育学报,2022(03):92－96.

［20］史宁中.为什么要强调量感［J］.小学教学(数学版),2021(10):8－10.

［21］吴正宪,冯佳圆,等.在统计视角下建构百分数的意义——"百分数的认识"课堂教学实录［J］.小学教学(数学版),2022(Z1):134－138.

后记

作业是促进学生核心素养发展的重要途径。设计和实施体现核心素养导向的作业,不仅是新课标颁布后的难点问题,也是国家义务教育"双减"政策能否落地的关键环节。面对新课标、发展学生学科核心素养的新要求,一线教师对于如何开展单元作业设计尚存在诸多困惑。

本书是在浦东新区五位小学数学教师的热情参与和积极探索中得以顺利完成的,在将近一年半的合作中,深深地感受到老师们强烈的使命感、不惧困难和敢为人先的专业精神,他们的宝贵经验和专业见解为本书的内容提供了坚实的基础和丰富的实践案例,为原本枯燥艰难的写作工作注入了新的活力与灵感。感恩在心!

另外,特别感谢丛书的主编黄兴丰教授和陈洪杰老师对我的信任,委托我主持本册书的写作工作。尤其是黄教授的专业知识和悉心指导为本书增添了独特的价值和深度。由衷感谢复旦大学出版社编辑朱建宝和张彦珺老师,他们仔细审读全书内容,为本书的顺利完成做了大量的出版协调工作。

本书的撰写分工如下:第一章由孙立坤执笔;第二章由张剑、孙立坤执笔;第三章由丁建敏、孙立坤执笔;第四章由邬小燕、康逸芸、孙立坤执笔;第五章由秦夔、孙立坤执笔。全书由孙立坤统稿。因能力有限,疏漏在所难免,恳请大家不吝指正。

作者
2024 年 3 月

图书在版编目(CIP)数据

走向深度学习:小学数学单元作业设计/孙立坤等著. —上海:复旦大学出版社,2024.4
(小学数学新教学丛书/黄兴丰,陈洪杰总主编)
ISBN 978-7-309-17353-6

Ⅰ.①走⋯　Ⅱ.①孙⋯　Ⅲ.①小学数学课-学生作业-教学设计　Ⅳ.①G623.502

中国国家版本馆 CIP 数据核字(2024)第 062093 号

走向深度学习:小学数学单元作业设计
孙立坤　等　著
责任编辑/张彦珺

复旦大学出版社有限公司出版发行
上海市国权路 579 号　邮编:200433
网址:fupnet@fudanpress.com　http://www.fudanpress.com
门市零售:86-21-65102580　　团体订购:86-21-65104505
出版部电话:86-21-65642845
上海盛通时代印刷有限公司

开本 787 毫米×1092 毫米　1/16　印张 11.25　字数 266 千字
2024 年 4 月第 1 版第 1 次印刷

ISBN 978-7-309-17353-6/G・2586
定价:55.00 元

如有印装质量问题,请向复旦大学出版社有限公司出版部调换。
版权所有　　侵权必究